生活需要界限感

景天 著

人民交通出版社股份有限公司
北京

图书在版编目(CIP)数据

生活需要界限感 / 景天著. —北京：人民交通出版社股份有限公司，2020.4

ISBN 978-7-114-16343-2

Ⅰ. ①生… Ⅱ. ①景… Ⅲ. ①人际关系—通俗读物 Ⅳ. ①C912.11-49

中国版本图书馆CIP数据核字（2020）第028630号

Shenghuo Xuyao Jiexiangan
书　　名：生活需要界限感
著 作 者：景　天
监　　制：邵　江
策　　划：李梦霁
责任编辑：李梦霁
特约编辑：刘楚馨　陈力维　苗　苗
营　　销：吴　迪　赵闻恺
责任校对：孙国靖　龙　雪
责任印制：刘高彤
出　　版：人民交通出版社股份有限公司
地　　址：（100011）北京市朝阳区安定门外外馆斜街3号
网　　址：http://www.ccpress.com.cn
销售电话：（010）59636983
总 经 销：北京有容书邦文化传媒有限公司
经　　销：各地新华书店
印　　刷：北京盛通印刷股份有限公司
开　　本：880×1230　1/32
印　　张：8.75
字　　数：140千字
版　　次：2020年4月　第1版
印　　次：2020年4月　第1次印刷
书　　号：ISBN 978-7-114-16343-2
定　　价：49.80元

序言

网络上有句话挺火："理想的有效社交，是你有故事我有酒；可惜现在绝大部分无效社交，都是你有垃圾我有桶。"

其实，无论是泛泛之交，还是亲朋好友，成年人的交往都需要界限感，彼此保留适当的距离和空间。

正如周国平所说："一切交往都有不可超越的最后界限，两人之间的界限是不清晰的，然而又是确定的，一切麻烦和冲突，都起于无意中想突破这界限。"

最难能可贵的是，一方懂得退让出一定的空间，而另一方则懂得守住分寸与自觉。

远则生怨，近则互伤，不远不近恰如人意。

人与人之间的亲密感，很大程度是用于补童年关系的匮乏，需要体验极致的爱与关注。但人际交往还存在着另一种需求：疏离感。我爱你，但我们彼此独立，不应强求我成为你。我们关系亲密，但利益诉求不同，请不要以爱之名，绑架我对你的感情。

每个人都有自己的禁区，生人勿近。

纳兰容若道，人生若只如初见。而界限感，就是尊重那条底线，不越界，不逾矩，守住人与人之间那份难得的、最初的温柔。

打交道，最怕的是交浅言深。

有些过度热情的人，明明是一面之缘的交情，却生生表现出四海之内皆兄弟的感觉，仿佛一夕之间从素昧平生到无话不谈，完全不顾对方的感受，让自己尴尬，让对方难堪，毕竟我们真的没那么熟。

《奇葩说》里董婧说过一段话："你今天素颜上班，她说你丑；明天你化了妆，她说你是小妖精。所以千万不要试图讨好你身边的人，因为他们真的很难讨好。"

看不惯你的人，即便你再优秀，也只会被他讽刺；三观不合的人，强行改变自己、适应对方，最终也会失望收场；不投缘的人，逼着自己喜欢，最后也只会适得其反。

讨好一个不喜欢你的人，无论怎么费尽心机，都是徒劳。

成为真正的知己，需要一个过程，需要时间来了解和积淀，每一次见面、每一次谈话、每一次互相帮助都是筛选过程。只有极少数相互理解、彼此欣赏的人，才能称为知己。这其中蕴含着时间的力量。

尤其是那些刚认识不长时间、没见过几面，甚至都叫不上名字的人，查户口一样盘问一些私人问题——多大年龄、工资多少、买房了吗、还不结婚、什么时候生娃、对象在哪儿上班、父母干什么的、为什么单身……

每每面对这类境况，很多人都会心生反感。而问出这些问题的人，都是不懂界限感。自以为朋友遍天下，长此以往，身边真正的知心人会越来越少。

当然，时间也未必是检验友情的唯一标准，有人倾盖如故，有人白头如新，重要的是双方能否同频，对彼此关系有一个较为清醒和真实的认识。你要判断你对别人有兴趣，别人是否对你也同样有兴趣。

人与人之间的关系很微妙，不要把所有热情在初相逢时便已用尽，然后冷冷清清草率收场。

木心说：“你问人问题，她若答非所问，便已是答了，毋需再问。”

不深究，就是一种尊重；不相逼，就是一种温柔。

·

人际交往，界限意识尤其重要，它相当于为保护自己而修筑一座城池。生人靠近，判断亲疏远近、志趣投契与否，再决定是欢迎入内，还是闭门谢客。人同此心，我们体谅对方，就应当明白彼此的遮掩和迟疑，亦不会咄咄逼人，陷入左右为难、窘迫不堪的境地。

愿你我都能守住自己的城堡，并尊重对方的城堡，掌握生活中的分寸与界限。

适可而止，保持优雅，保留底线。

目

录

Chapter 1
适可而止，优雅克制

Chapter 2
圈子不同，不必强融

Chapter 3

知进退，有为有不为

Chapter 4

懂分寸，距离产生美

Chapter 5

不逾矩，美好的事物都有限

Chapter 1

适可而止，优雅克制

君子之交淡如水，远离不懂得克制的损友

1

莱莱很喜欢和小米聊天，刚认识小米的时候觉得小米真的像是另一个自己。

她很喜欢和小米倾诉自己的心事，把自己的家庭矛盾都告诉小米。

小米也很会安慰她，总是让她觉得，这个世界还没有那么糟，还有很多温暖。

在很多事情上，莱莱都会询问小米的意见，然后做出决定。

可是，在某一个社交场合，莱莱因为迟到，听到了先到的小米和另一个朋友的对话。

朋友：看到莱莱每天都开心美丽的样子，真的好羡慕她呀。

小米：她有什么好羡慕的，你不知道，她的父母离婚了，她其实自卑得很，而且她还有很严重的焦虑症呢！

朋友：原来是这样啊，怪不得有时候觉得她怪怪的……

小米：要不是你们在，我都不想见她，总是嘚啵嘚啵地说个没完，跟个怨妇似的。

那一瞬间，莱莱觉得自己的心都被小米那伤人的话刺碎了。

她走上前对小米说：那我要恭喜你了，成功地离开了我的世界。

那天莱莱哭着回了家，想不到自己用心换来的知己，竟给了自己这么深的伤害。她删掉了小米的一切联系方式。

对于这样的朋友，她只想送出四个字：

慢走，不送。

2

几年前，一批台湾作家来江苏采风。在江苏教育电视台的演播室中，著名诗人余光中先生见到了他阔别54年的老同学李镇东。当主持人问李镇东读过老同学余光中多少首诗时，李镇东说：“没读过。”余光中笑了，观众也笑了。

不读余光中的诗，并不影响李镇东与余光中的同学情谊。

真正的朋友之间最重要的是相互尊重，并不一定要投其所好，做对方感兴趣的事情。各自安好，彼此在某一点上相知、相通，也会成为一辈子的好友。

真正的朋友总是非常尊重对方的生活。

俗话说：“在家靠父母，出门靠朋友。”朋友在我们的一生中扮演着很重要的角色。也正因此，我们应该谨慎地选择那些真正的朋友，放弃虚假的、表面上的朋友。

子曰：“益者三友，损者三友：友直，友谅，友多闻，益矣；友便辟，友善柔，友便佞，损矣。”亲善“益友”、远离“损友”，是夫子教诲我们的交友之道。

“亲贤臣，远小人，此先汉所以兴隆也；亲小人，远贤臣，此后汉所以倾颓也。”这是诸葛亮在《前出师表》里分析前汉和后汉皇帝不同的用人策略而导致的兴衰不同的结局。一个王朝用人得当，则欣欣向荣、充满生机；用人不当，则会误国殃民。

3

古人说：“君子之交淡如水。”提醒人们应保持亲密又有界限的分寸，交往像水一样平淡和自然，互相尊重而非吹捧，心心相印而不过分亲昵，志同道合而非同流合污。这样的友谊才能持久而平衡。

之前有个同事，总是一副高高在上的样子。对于身边条件不如她的那些人，她总是呼来喝去，说话直来直往，像是往人心里插刀子，还美其名曰：“我就是没心没肺，有时候着急说什么话，你们可别放在心上。”

对于身边那些比她家境或职位更高的人，她总是笑脸相迎，说话小心翼翼，生怕惊扰了对方的心情。

她在两种交友模式之间自由切换，表现得极其明显。

说实话，我不太喜欢这样的人。把自己的朋友分成三六九等，区别对待，怎么能得到别人真诚相待呢？

时间久了，我觉得很少有人会再去选择和她做朋友。

4

朋友并不是越多越好，处在这个快速发展的时代中，越是真诚的朋友越珍贵，那些损人利己的朋友还是早早远离比较好。

有人和你做朋友，是为了使自己的利益最大化；有人和你做朋友，是为了扩大自己的朋友圈；有人和你做朋友，纯粹是闲得没事干，想拉你一起赌博或者是吃喝玩乐，让你努力奋斗的强大意志力在很短时间内就土崩瓦解。

我们要懂得筛选真正的朋友。

真正的朋友，懂你，理解你，也在乎你。

在你失意的时候会鼓励你，在你难过的时候会安慰你。

你做错事的时候会规劝你，你成功的时候会发自内心地给你鼓掌。而不是在你犯错的时候暗中偷笑，在你成功的时候嫉妒地红了眼。

真正的朋友，不需要想起，从来也不会忘记。

己所不欲，勿施于人，你的态度就是别人对你的态度

1

桑拉是某大学的老师，人称“冷漠小姐”，老是眉头紧皱、眼神挑剔，看谁都不顺眼，说话总在扫兴。

她优越感十足，觉得自己就是中心，别人都该围着自己转，总是在举手投足之间恨不得眼睛长在头顶上。

桑拉所在的院系和某公司合作出版绘本，她觉得成本都应对方承担，自己只要坐享其成就好，甚至连上培训课的钱都让合作公司报销。

和朋友坐地铁，她说：“我的车坏了，怕堵车就坐地铁，结果你看地铁上人这么多，臭烘烘的，真是倒霉。”

和朋友吃饭，她又嫌菜的味道太淡，跟服务生说来说

去，直到人家说为她重新做。

朋友告诉她要注意别人的感受，她却说："他们以为自己是谁啊，凭什么我就要照顾他们的感受？"之后她依旧摆着一张臭脸。

她总是欺软怕硬，永远感到不能满足，觉得整个世界都欠了自己，于是天天摆出一副要债的样子。

当你总是以这样的态度面对这个世界的时候，抱歉，这个世界回应给你的也一定是不够善意的。

2

王书春在一篇文章中说：世间人情多讲究赠人以物，而物尽必然情非。我赠人以云，君行千里，抬头便见白云，还怕断了友情不成？人间冷暖是人最在乎的，人与人的交往也往往就在这"冷暖"二字上。你赠物于他并不能心暖，而赠他一份真情可能在冬天他也觉得暖的——推心置腹的交谈，忘情的一次郊游，互相推荐几本可读的书，帮他出一个能摆脱困境的主意……这一切都像你赠他一片白云一样，会永远地飘荡在他的天空里，使他欣喜，使他兴奋，使他的生命充满活力。

你身边人的优秀程度，会影响你。如同一个人的态度，也会影响到别人对他的态度。

过去20年来，北大先后有500余名保安考学深造，有的考上研究生，有的成为大学教师。每个学校都有保安，但为什么这种成群结队的考学行为在名校发生的概率更大呢？因为“近朱者赤”，环境对一个人的影响特别大。

媒体采访北大保安第一人张俊成。他说，有次站岗，看到一位老人骑车过来。快到门岗前，老人下车，推车而过。经过门岗时，老人点头跟他说：你辛苦了。

张俊成受宠若惊，问别人：“这是谁？怎么这么尊重我们？”

别人告诉他，老人是北大校长。

在保安岗位上，张俊成也曾迷茫过，他说：“那个时候非常无知、愚昧。但我却得到了多位北大教授的热心帮助。在教授们的建议下，我才开始重新读书学习。”

如果你在一片积极向上的氛围中，周围的人都在努力，自己也会用相对严格的标准来审视自己，不断自省，哪怕最后变不成最厉害的人，也可以优秀出众。

3

莎士比亚说："为什么世界上有镜子，人们却不知道自己是什么样的？"

每天我们都在做着矛盾的事：讨厌别人背后说自己坏话，却也会在背后非议别人；讨厌别人欺骗我们，有时却也会说出善意的小谎言；鄙视不守信誉的人，自己有时也会失信于人；无法容忍孩子不孝敬我们，却一直忘记关心父母；试图远离虚伪狡诈的人，自己却一直戴着面具。

很喜欢一段话：其实你是一块磁铁。当你身心愉悦、喜欢自己，对这个世界充满善意，美好的东西就自然被你所吸引。相反，当你悲观、郁闷，觉得什么都不对劲，负面的一切也就相继来报到了。因为你是一块磁铁，吸引的是你相信的东西，所以快乐的你就吸引让你快乐的人和事物，烦忧的你则吸引让你烦忧的人和事物。幸运与厄运，在于你如何使用内在的磁力。这是信念的奥秘。

爱人者，人恒爱之；敬人者，人恒敬之。

仁爱的人爱别人，礼让的人尊敬别人。爱别人的人，别人也会爱他；尊敬别人的人，别人也会尊敬他。而总是一副看不起别人的样子，最终也会被别人鄙视。

有一句话很经典——当我们拿花送给别人的时候，首先闻到花香的是自己；当我们抓起泥巴抛向别人的时候，首先弄脏的也是自己的手。

友善真诚地待人，更重要的是指如何善待自己。

你待人以善意，别人以善意相报；你待人以真诚，别人以真情回馈。

恶语伤人六月寒，愤怒时不让伤人的话脱口而出

1

最近小冉又和我说她过得一点也不开心。她又搬家了，这已经是工作后第五次搬家，每次住不到两个月就要搬家。

每次搬家都是因为她和合租的人发生冲突。

其实是小冉太任性，容不得别人对她有一点点偏见。

她总是坚持自己是对的。每次搬到一个新的环境，一切都看起来很好，可是没几天，她还是控制不住自己的情绪。她觉得自己都已经当面发脾气了，对方就是拉不下脸来道歉，最后以离开结束。

她总是抱怨，你不知道我和她们合租过得有多苦，每天看到她们的表情我就来气。

结果，她和谁都相处不好。

她如果不那么任性，能够控制住自己的情绪，那她就不会像现在这样搬来搬去，总是不开心，而是会待在自己喜欢住的地方，高高兴兴的。

其实，情绪就是你智慧不够的产物。如果你连自己的情绪都控制不了，即便给你全世界，你也早晚会毁掉它。你要做的是成为心态的主人，而不是情绪的奴隶。

有人说，所谓的控制不住情绪，就是你很虚弱，对这个世界毫无办法，只有无力地发泄，结果解决不了任何实质问题。层次越低的人，往往越控制不住自己的情绪。他们的心胸和眼界太狭窄，素养和自控力也不够，只能通过坏情绪的发泄来表达自己的不满和愤怒。

2

我记得大学毕业前的散伙饭上，有几个计算机专业的男生，在学校三楼的餐厅吃饭，还喝了很多酒。最后结账时，因为少给一块钱，其中一个和餐厅的工作人员大吵了起来，最后那个男生被情绪激动的餐厅工作人员捅伤。

因为一块钱，改变了两个人的一生。

如果当时他们都很理智，没有那么冲动的话，也不至于有现在的结果。

威廉·麦卡阿杜曾告诫人们："你不可能用辩论击败无知的人！"

不要理会那些低层次的人，因为你和什么层次的人争辩，就注定你将会成为什么样子的人！

孔子说，道不同，不相为谋。庄子说，夏虫不可语冰，井蛙不可语海。

原因很简单，层次不同，无法沟通；层次不同，不与相争！

是的，如果你跟那些人一般见识，那么你的愤怒就变得不值一提。

明明他就是蛮不讲理，你却非要和他去讲道理、摆事实；明明他就是把撒泼、耍无赖当成天大的能耐，你却非要让他丢下这一身"本领"，向你学习重新做人！

我们做事之前，一般都会设一个心理预期。

比如，一位同事正忙着，你好心帮他分担了另外的一些工作。原本你预期他知道后一定喜出望外，倍加感激。谁知他看到结果后却说不是很满意。于是，你失望、尴尬，很难过。如果是人家让你办此事也罢了，可这却是你自己"自作多情"办的，你就会很悲伤或者很恼怒……类似的事情在生活中常见。

不要因为一点小事就暴怒，不要让小事毁了我们的修养。

3

一个能控制好自己情绪的人，比能拿下一座城池的将军更伟大。

素质更高的人则更懂得控制自己的情绪。他们懂得为自己的情绪负责，有更沉稳的内心，喜怒不形于色，更懂得控制情绪中的人格和修养的意义。

有人说："一个人的层次不是由社会阶层、财富、学识、地域或是出生背景决定，而是由眼界、格局、经验、阅历、三观、自控力和情商来决定。"

当你发脾气时，智商将被情绪所俘虏，你就会变成别人眼中愚蠢的人。

任何时候，我们都不能做愤怒的奴隶。

歇斯底里征服不了别人，只会让你失去理智。

朋友的同事，总是动不动就发脾气。因为公司走廊里的一张废纸，和清洁的阿姨大吵一架；因为食堂的米饭蒸得太软了，就和食堂师傅吵架；工作上出了问题，她和领导第一时间大吵，说自己辛苦付出了，谁都不想是那个结果。

她所到的地方都是满满的负能量，动不动就哭鼻子、大喊大叫，周围的同事都不喜欢她。慢慢地，她孤立无援了。

没有人愿意理她，她好像孤单到连发脾气的对象都没有。

就那样过了一年，她决定改变。

她把所有心思都用在努力工作上，见了同事也热情地问好，不再耍小性子。

眉眼间的戾气变得温柔了很多，周围的同事也开始慢慢接纳她。

其实不发脾气的时候，她还是很可爱的。

4

人生在世，谁都会有一些情绪不好的时候。

清晨，一大早赶去坐公交车，却在马上到达的时候错过了一辆，然后迟到。

去了公司，正好被查岗的老板看到，挨了一顿臭骂。

接待了一个难缠的客户，好不容易低声下气地坚持到下班。

回到家饭还没吃，就接到公司的电话，要赶回去加班。

那一瞬间，你又累又饿，疲惫不堪，觉得生活真没意思。

其实，谁不曾被生活亏待过？

很多时候，坏情绪会影响我们好多天的心情，像藤蔓一般缠住我们，吞噬我们的正能量。

有多少人把完美的一面留给了外人，却把糟糕的情绪甩给至亲至爱的人？

在外面受了气，忍气吞声。回到家里，要么铁青着脸，一语不发；要么唉声叹气，一触即发。

愤怒的情绪每个人都有，但是千万不要让那些伤人的话伤到我们身边的亲人。

不要让那些恶语像寒冬的风霜一样刺痛别人的心。

控制情绪，其实是在有效管理我们的人生。

懂得控制情绪的人，才能处理好问题不断的人生。

高山流水觅知音，享受简而美的社交

1

在一档电视节目上，我看到了张昕宇和其妻子梁红的故事。

他们从2012年开始环球旅行，在索马里遭遇海盗，探秘死亡之城切尔诺贝利，在马鲁姆活火山口附近插下了中国旗帜，在-52℃的北极求婚，驾驶帆船到南极完成了中国人在南极举行的第一场婚礼。

他们的爱情中没有海誓山盟，只有每一次都不一样的旅行。

2013年，他们驾驶帆船全球航行，经历30个国家40多个城市，并深入世界十大恐怖之地。

他们依靠着前期经商积累下的资本，竭尽所能，全身心地去感知大千世界的另一面。

海上航行经常无法靠岸，往往是十天半个月才能到达下个目的地，而且也不是所有的地方都可以随意登陆。那些惊心动魄，那些难以忘记的记忆，都印刻在了他们的生命中。

从手无寸铁的商人到上天下海、无所不能的探险家，夫妻二人对于未知或者危险都是那么的无所畏惧。

在节目中，无论是妻子看向丈夫，还是丈夫看向妻子的目光，都是那么的温柔。

有心爱的人在，哪怕危机四伏、千难万险，也依然是场美好的旅行。

他们一起看过最美的日出日落，用心体会过每个地方的风土人情。

或许他们经历的，是我们绝大部分人这辈子都不会有的体验。

当我们有了那个喜欢的人，你的全部感官都知道你喜欢他。

2

有个姐姐说，她在10年前义无反顾地嫁给了自己的老公，这10多年里共同经历了很多。虽然他们现在还没有真正属于自己的家，日子依旧很艰难，但是夫妻恩爱，有他、有两个孩子的地方就是她的家，就是幸福所在。

或许幸福就是一日三餐，有一个可爱的孩子，有一个温馨的家，一家人能平安喜乐地过小日子。你托付终身的那个人，能包容你的坏毛病，能接受你的任性，能在你工作失意时解你忧愁，能在你忙碌时为你做一桌你喜欢的饭菜。

幸福就是和对的人互相陪伴，不一定会大富大贵，但也能其乐融融。

在网上看到一个话题：和喜欢的人在一起生活到底有多幸福？

“菁”说：他就是曾经走在最灰暗的日子里的那一束光，就是那个疼到不能呼吸的时候像救命稻草般想要紧紧抓住的人。即便厨艺再烂，也下定决心为他洗手做羹汤。未来有期待，爱情有呼应。在阳光下不用看就知道，他的目光一直在你身上，从来没移开。

“赢得天下，不输给他”说：我一生浪费过太多时间，却突然在意和他在一起的每分每秒。

Lizzy说：最喜欢看他的样子，光着膀子，戴着很丑的眼镜，吃隆江猪脚饭。

作家说：葱油饼的香气最人间味，我喜欢你，是你卸下防备、端起盒饭的烟火味。

媛媛说：他阳光、爱笑。相处时间越长，越觉得他就像孩子一样，简单、烂漫。他说我们要一起减肥，结果总是带我吃各种小吃，现在我们都胖得互相嫌弃。我喜欢自由，他总是给我足够的空间；我喜欢旅游，他会带我去看外面的世界。爱情就是这样：简简单单。

璐丫头说：我可以随便欺负他。我失眠了，可以让他起床陪我说话；受伤了，他会第一时间来到我身边陪着我，保护我；我有委屈了，他会把我抱进怀里，安慰我。牵着他的手，我就觉得很有安全感。从我们在一起的那天开始，他就特许我可以在他面前无理取闹。他的爱就是这么的踏实，给人安全感。

3

嘉嘉养了一只叫布丁的猫和一只叫牛奶的狗，现在只缺一个爱人。

嘉嘉说，与其说是小动物依赖她，更多的还是她们之间互相依赖吧……从纷纷扰扰的世界中回到家里，除了爸爸妈妈是她永远的港湾之外，嘉嘉把自己内心最柔软的一块小角落留给了它们。

她觉得小动物的眼神永远都是那么透彻，它们的思想永远都是那么纯粹简单。晚上睡觉，身旁有一坨毛茸茸的小宝贝，听着它们的呼吸，听着它们的心跳，也能睡得更加踏实。

布丁生病的时候，她用心去照顾它。那些日子，嘉嘉抱着布丁反反复复去医院七八次，看病、吃药、打针。她每天早晨5点起来抱着布丁去治疗，就这样过了好多天。小布丁依然不见好。那时的嘉嘉几乎绝望，看着布丁难受，她帮不上忙，只能干着急，真的很痛苦。好几次想要放弃，想着不如去医院给布丁安乐死吧，倒也能让它和自己都解脱。可是看着布丁的眼睛，她还是不甘心地带布丁再次去了医院。那一次，布丁上了手术台，从做检查到打麻药，再到手术结束，嘉嘉都用手机全程记录了下来，想着不管怎样，也要留个念想……或许是嘉嘉感动了老天，或许是布丁争气，手术结束后的一周，布丁就痊愈了！看着好起来的布丁，嘉嘉激动得眼泪夺眶而出，只想说："还好我没放弃！"

她说不怕大家笑话，确实，也正是这件事，让她比之前更加有耐心；也正是布丁，让她觉得这是她一直坚持下去的、最正确的一件事情！

生活不就是有爱的人，有可爱的小动物吗？

简单安静地去过好每一天。

4

楠楠和男朋友是青梅竹马，多年的感情基础让他们的相处模式简单又美好。

楠楠记得男朋友喜欢吃的东西、衣服的尺码。男朋友记得楠楠的生日、恋爱纪念日，并且每个情人节都会给楠楠手写一封信。

他们一起去小镇看日出，一起去海边看日落，一起去草原看星辰……

关于彼此的一切，他们都记在了心里。

对于两个喜欢的人而言，有心爱的人在身边，去哪里都可以；有人懂得，说什么都可以。因为那是两个人的事情，就算再无聊，彼此也不会觉得，只会觉得每一天都很有趣、很幸福。

《平如美棠》里，平如老爷爷用画笔记录下和老伴美棠的日常。印象很深的一个画面，是两个人买菜回来，一同在房间里剥毛豆子，聊些鸡毛蒜皮的小事，一个上午就这么慢悠悠地过去了。

无聊吗？挺无聊的。

幸福吗？但很幸福。

就像平如老爷爷说：“我俩过着平凡而幸福的生活。”

放弃底线，是比放弃梦想更加可耻的事

1

米琳大专结业后，前往南方某市求职。经过一番努力，她和另外两个女孩被一家公司初步录用，试用期为1个月，若合格，便会被聘用。

在这1个月之内，米琳和那两个女孩都很努力。到了第29天时，公司按照她们三人的营业能力，一项项给她们打分。结果，米琳虽然也很卓越，但仍然比另两位女孩低1～2分。公司王经理托部下通知米琳："明天你是最后一天上班，后天便可以结账走人。"

最后一天上班时，两位留用的女孩和其他人都关心地劝米琳说："反正公司明天会发给你一个月的尝试使用工资，今天你就不必工作了。"

米琳笑道："昨天的工作还有点没做完，我干完那点活再走也不迟。"到了下午3点，米琳最后的工作做完了。又有人劝她提早下班，可她笑了笑，不慌不忙地把自己工作过的桌椅擦拭得干干净净、一尘不染。她感觉自己很充实，站好了最后一班岗。

其他员工见她这样做，都非常感动。

第二天，米琳到公司的财务处结完账，正要离开的时候，遇见了王经理。王经理对她说："你不要走，从今天起，你到质量检验科去上班。"

米琳一听，惊住了，不信会有这种好事。王经理微笑着说："昨天下午我暗中观察了你好久，面对工作，你有坚持的理念。正好我们公司的质量检验科缺一位质检员，我相信你到那里一定会干得很好。"

任何时候都不要放弃底线，只有心灵站直了，生命才不会倾斜。人之所以痛苦，是因为一味地降低自己的底线。做人要有原则，干什么都不能突破底线。所谓底线，就是知道什么该做，什么不该做，有所为、有所不为。

2

看过一个故事，作者是一个年轻的二胎妈妈，因为连生了两个女儿，开始被公婆嫌弃。后来她老公开始公然在外面找小三，对方还怀了孕。在检测得知是个男孩后，婆家就用各种方法逼二胎妈妈回娘家，第二天就把怀孕的小三明目张胆地接进了家门。

无计可施之下，二胎妈妈想到了在网上发文曝光。虽然文中并没公布她老公的名字，但因为都在同一个城市，男方的信息还是很快被网友搜索了出来：北大医学博士毕业，任职于全市最好的公立医院。曾得过全国病例大赛冠军，属于世俗标准中的有为青年。

可事实证明，人的优秀程度和人品高低并不成正比。一个能对自己刚生完二胎的妻子如此冷漠无情的男人，可以肯定，他的心里根本没有什么基本的道德底线可言，更不用谈人品。

这件事发酵得很快，几乎在一夜之间就引起了很多人对男方的关注和讨伐。在舆论压力下，医院虽然还没有拿出最终处理意见，但已经取消了他的门诊资格。

有人说，对他而言这样的结果其实是迟早的事，就算不在这里摔倒，也必然会在另一个地方挖坑给自己跳。因为一个自私、无底线的人，一定不会走得太远。

毫无底线地生活，最终会毁在自己的不负责任上。

3

2017年2月中旬，警方接到报案，有公司称29岁的会计王某突然失联，经过账目核查，公司怀疑他侵吞了数百万元的公款。

王某的家人和朋友都不知道他的下落。就在民警抓紧侦查时，王某的手机突然开机了，他打电话给公司，表示想投案自首。

办案民警说，这名会计跑到了×城，去见了一个直播平台的女主播。跟女主播见完面之后，他在那里的一家宾馆开了一个房间，试图割腕自杀。

没有勇气自杀的王某被民警和公司的工作人员带了回去，他对于自己侵占公司高额资金的事实供认不讳。经查实，王某挪用公款达930万元。

王某交代，自从接触了网络直播平台后，就很喜欢看直播。因为自己每月的工资也就3000多元，维持家庭生活尚且比较拮据，所以一开始很少打赏。但他很快发现，因为打赏少，女主播们对自己不屑一顾，只会与打赏多的人进行互动。王某觉得自己受到了冷落，为了挽回面子，开始挪用公款打赏。

一开始的时候，他认为这个跟玩游戏一样，也就是蛮开心、刺激的。一百两百打赏，女主播爱理不理。后来加大金额，女主播就会主动跟你联系了，包括出去吃饭、游玩。就这样，打赏的钱越多，他就越开心，越兴奋，越刺激。

后来王某打赏“一掷千金”，大家都以为他是富二代，不断有女主播和网友吹捧他，让他很受用。为了维持在直播平台里这种“众星捧月”的感觉，王某不断充值给女主播送高价的“礼物”。最多的一天，他在直播平台充值50万元，好几个女主播主动与他结交。王某瞒着妻子，以出差为借口，每周都会到上海与女主播幽会，挥霍盗取来的公款。

4

一个人如果放弃底线，那么他最终将自酿苦果。

当你放弃底线，就会成为自己最看不起的那一种人。

我们每个人心中都应该有一把尺子，能够衡量我们的所作所为。

当你学会坚守底线，旁人才能学会止步于你的底线之前。

坚守底线，意味着你必须要放弃一些看起来已经到嘴且无比甜美的果实。可往往也正是能经受住考验的人，才能得到命运更加丰富的补偿。

坚守底线，还给自己一个自由的灵魂。

不占便宜，是深到骨子里的教养

1

有些人以朋友的名义来占你的便宜，还理直气壮地说：“我们不是朋友吗？”不知道这些朋友知不知道，在他们这样对待别人的同时，就已经失去了“朋友”。

上学时，有个同学非常喜欢占便宜。别人新买的墨水，她每次都要用自己的钢笔不停地吸墨水；她总是喜欢借别人的零花钱，而且很久都不还。凡是能占到便宜的，她都不会漏下。

后来怎么样，想必你也猜到了。大家碍于情面，当时不会对她公开说什么，但背地里没有一个人真心喜欢她。毕业之后，不出意外，没有人再和她联系过。便宜占到最后，她失去了所有当初能和她成为挚友的人。

还有一个朋友总是喜欢借钱，借钱之后吃香喝辣，在朋友圈里各种炫耀。

很多当时占过的便宜，到最后都会变成打脸的巴掌。

那些爱占便宜的人，热衷从别人身上搜刮利益。

哪怕是一块钱，占到了便宜也会沾沾自喜。

有人说：“很多人爱占便宜，真不是人穷，而是心穷。他们会忍不住为了眼前丁点小利绞尽脑汁地消耗、剥削别人。”

有句老话说，“吃亏是福”，我觉得说得很对。

这个世界，没有谁是真的傻。那些与人相处便会时刻想要谋取利益的人，最后都会被朋友抛弃。

2

曾看过这样一则故事：

有一位在德国的中国留学生，毕业后在当地找工作，结果没有一家公司敢要他。

最后一次面试中，她冲进人力资源部的经理办公室，询问不被录用的原因。于是，有了如下对话：

“女士，我们并不是种族歧视，相反，我们很重视你。

老实说，从工作能力上，你就是我们所要找的人。”

“那为什么不收天下英才为贵公司所用？”

“因为我们查了你的信用记录，发现你有三次乘公车逃票的记录。”

在德国，车站并不设置检票系统。

“可能刚好忘带零钱了。”

“不，不，女士，我不同意你这种解释。”

“那也不至于……就这点小事儿……那么较真儿？”

“不，不，女士，我们不认为这是件小事。此事至少证明两点：第一，你不注重规则；第二，你不值得信任。”

有时候，我们总觉得在小事上占便宜都不算数，觉得没什么大不了。但是这样的行为，真的会毁了你做人的原则。

很久以前，有个盲人天天晚上都要去公园里散步。每天晚上，邻居都会看到他提着手提电灯，在街道上缓慢地一边不断地摸索，一边前行。终于有一天，邻居忍不住问：“你的眼睛又看不到，为什么还要提着手提电灯呢？”盲人说：“虽然我看不见，但是这样能照亮别人的路啊！我在黑暗里生活，但是我知道光亮是多么重要。”邻居依然不解，又问：“但是，你这么做自己很麻烦啊，一手拿着拐杖，一手还要提着灯，万一摔倒，也容易划伤自己。”盲人笑着说：

“你不知道，其实我这样更安全呢！虽然我看不见别人，但是别人看到光亮，在很远的地方就会发现我，这样也不会撞到我了。说到底，我这么做虽然帮助了别人，其实也是保护了自己。”邻居恍然大悟。

不占人便宜，就是独善其身的教养。

3

有位朋友前阵子出行，卧铺。下铺是一位妈妈带孩子，她对面也是一对母子。孩子奔走哭闹、打斗，朋友可以忍受。没想到过了一会，来了一个大姐，组织孩子唱歌、游戏，还随意地吃别人摆在桌子上的零食。在那么逼仄的空间里，直逼耳膜的粗声让朋友再也无法专注，内心烦躁。之所以不能忍受那位大姐的聒噪，是因为朋友既不能进入她的语境，又被她的话题塞满了耳朵，占用了本来可以向内用力的时间，而且她还随意地让孩子拿哪怕是吃剩的零食，利用人们的同情去占便宜。

《圣经·驮福音》中说：“你们希望别人怎样对待你们，你们就应该怎样对待别人。”这句话被多数西方人视为工作中待人接物的“黄金准则”。我们要想得到人的信赖和好感，就必须向对方投以温和。

在这个社会上，要想与人更好地相处，首先要做的就是付出，而不是只看利益。很多时候，如果只是为了最终的目的而去和别人相处，久而久之，我们会失去最珍贵的真诚。很多事情，从表面看起来我们是帮助了别人，可实际上是别人帮助了我们。

在社会生活中，一个人要想得到更多的认可，与更多的人友好相处，就不能占小便宜。

占了小便宜，却失去了大家的信任，得不偿失。

4

不自私自利，你所给予这个社会的，最后会以另外一种方式回报到你的生命中。

我希望每个人都能成为一个给予者，而不是一个爱占便宜的人，那样我们可以体验到更多生活的意义。

不占便宜，养好一颗谦卑的心，跳出自己的小世界，眼中不再只有自己的悲喜，而是更多地看到别人的需求，并且愿意帮助他人。

愿每个人都有付出的能力，能够感受到别人的爱，并且为自己身在爱中而感到幸福。

勿以善小而不为，勿以恶小而为之。

我们都要活得坦荡而真实。自私的人活得算计而狭窄。不占便宜的人能够看到更多的爱与美。

你的努力，与旁人无关

1

有个朋友发朋友圈，内容如下：

“今天打卡第一天，运动、看书……”

等到第三天。

“这顿大餐，奖励给每天努力健身的自己……”

之后的很多天，都有很多大餐，那个努力健身的娃被吃货代替。

“感谢领导发的大奖金，期待可以周游世界……”

“有时候看着镜子里的自己，又美又聪明，真的是太感谢老天让我这么出众。”

所有的努力，都应该是为了使自己变得更好，而不是为了配得上谁，也不是为了向全世界显摆。

很喜欢一句话：生活如此不易，不要让自己的努力变成别人评价的商品。

一件普通的陶瓷烧制完成也需要在1000多度的高温里待上7～8个小时。这是质变的必经阶段，只有通过前期的烈火焚烧，最后才会变成一件美好的艺术品。

努力并不是你胸前的徽章，而是你血泪的结晶。

我们的价值是需要自己去实现的，而不是通过别人的言论。

别人的一次称赞，也比不上现实中你努力的那一瞬的收获。

在一次讨论会上，一位著名的演说家没有说一句开场白，他的手里高举着一张20美元的钞票。

面对会议室里的200个人，他问：“谁要这20美元？”很多人的手都举了起来。他接着说：“我打算把这20美元送给你们中的一位，但是在这之前，请允许我做一件事。”他说着将钞票揉成一团，然后问：“谁还要？”仍然有人举起手来。他又说：“那么，假如我这样做又会怎么样呢？”他把钞票扔到地上，又踩上一只脚，并且用脚碾它。最后他拾起钞票，钞票已变得又脏又皱。“现在谁还要？”还是有人举起手来。

他说："朋友们，你们已经上了一堂很有意义的课。无论我如何对待那张钞票，你们还是想要它，因为它并没贬值，它依旧值20美元。人生路上，我们会无数次被自己的决定或碰到的逆境击倒、欺凌甚至碾得粉身碎骨。我们觉得自己似乎一文不值。但无论发生什么，或将要发生什么，在上帝的眼中，你们永远不会丧失价值。在他看来，肮脏或洁净，衣着齐整或不齐整，你们依然是无价之宝。"

我们的价值就是我们的资本，不取决于别人，而是取决于我们自己。

努力，从来不是为了感动谁或让谁羡慕，而是当我们拥有更多价值和能力的时候，在我们想跳出那些令自己厌恶的圈子时，就拥有随时跳出、找到新选择的能力。

2

那些真正努力的人，并不期待短期之内就会有巨大的回报。

他们选择了一个正确的方向，以自己的专注和热情持续地浇灌，以一种正确、智慧的方式缓慢但有力地前进着，一边努力着，一边用心过好当下的生活。他们所有的努力，都不是给别人看的，而是为了自己内心真正的热爱。

那些有价值的努力，也逐渐形成了他们对这个世界的感知力，最后变成了他们真正的能力。

37岁的外卖小哥雷海为说："别人能从游戏中得到快乐，我是从学习中，只不过途径不一样罢了。"

他在第三季中国诗词大会的决赛中击败了北大硕士彭敏，成为总冠军。

第一季的时候雷海为就报了名，但石沉大海。他没放弃，直到第三季终于得到回音。高中时因为没转到更好的学校，他没考上大学。20岁，雷海为就从家乡出来打工。他做过推销员、电工、洗车工……23岁的时候，雷海为偶然在书店看到一本《诗词写作必读》，被书中的诗深深吸引。从此，他就在周末的时候专门去书店看诗词的书。每背完一首，他都会在纸上做一个记录。到今天已经有1070个条目，最开始记录的那张纸都已经泛黄发皱。

每次等餐的工夫，一旁的同事拿出手机玩游戏，他就会在一边静静地看诗词书。他说："一天能背下来一两首，我就很开心了。"

第九场比赛结束，雷海为拿下擂主。他说："那一刻我完全感受到了，什么叫掌声如潮。"

现在的雷海为，已经回到杭州继续送外卖，生活平凡得和之前没什么两样。

接受采访时，他说："现在很流行说诗与远方，我认为这是人世间的一种追求，永恒追求。不管眼下的生活环境怎么样，人都要有梦想、有追求。对我来说，诗歌意味着一种精神上的寄托，我能够从中得到快乐。远方就是需要去追求的美好生活。"

3

我们不停地努力，只是让我们更清晰地看到自己，并不是说身着名牌、开着豪车、到处炫耀就是成功。

身边有很多这样的人，平日里庸庸碌碌、无所事事，但是生怕别人说自己懒，在偶尔的一次加班或者是学习中就迫不及待地发发朋友圈，让别人看到自己努力的样子。

可是当照片发完之后，他们的人生还是恢复原样，他们的努力只是给别人制造的一种幻觉。

真正的努力，会让我们看到生活不同的样子。

知乎上有人提过这样一个问题：为什么很多人假装自己很努力？

一位名为“荒城”的答主说：“因为你羡慕那些很努力的人，自己也想成为那样的人，决心下得很足，却在突然之间放弃之前的决心，内心还毫无波动，这就叫作懒惰与迷茫。”

其实，越努力的人反而越低调，因为在他们眼中，努力的细节只是平日的习惯而已。

有个到北京闯荡的姑娘说：“我想逃出自己的‘舒适区’，看看那些按部就班的命运之外，还有没有更多的可能。因为年轻，所以我不怕重新再来，人总要在不断地试错中成长。就算我知道自己选择了这条路会过得很辛苦，做好了就算搭上几年青春却一无所获的准备。也许努力的最后不一定能迎来满意的结果，但我不后悔，因为我还在特别用心地努力着。”

真正的努力，是为了回馈我们自己。

其实不要那么累，我们没有那么多观众。

努力不是一场表演，而是一场孤独的奋斗，不需要那么多人站在台下为你呐喊助威。

4

有时候会觉得，当一切静下来，当一切回到最初，褪去所有的浮华，你才能发现自己努力的真正意义。我们都容易活在他人的眼光里，喜欢在朋友圈里发自己积极努力的动态，好像自己的每一天看起来都能量满满。但是当关掉手机，真正独处的时候，我们的内心是不是真正充实，我们是不是真的有底气和自信去过好每一天？

这个时代让很多人都活得很着急、很焦虑，好像什么都需要向别人证明，好像只有得到别人的称赞，才能算得上真正的成功，可是每个人都脚步匆匆，我们没有那么多观众，我们需要尊重自己内心最真实的感受。

努力不是为了向别人证明什么，而是让我们的内心变得更加丰富，让我们以自己的视角更好地看清楚这个世界。

保持距离，保留空间，既有乍见之欢，又能久处不厌

1

有新闻报道了一则有关火灾的消息，丈夫在火灾后说的一句话引发了网友的讨论。

2018年5月11日早上9点钟左右，××市一小区33层的住户家突然起火。

从现场视频中可以看到，起火房间火势凶猛，浓烟直冲楼顶。

消防人员及时控制了火势，但整个屋子被烧得一片狼藉：墙面烧得开裂、房门被烧焦，床也只剩下了骨架。

户主孟女士说，早上孩子尿湿了床单和裤子，她用吹风机来吹床单，结果孩子忽然哭闹起来，她就放下吹风机去给孩子穿裤子，随后吹风机爆开，引燃了床头的靠枕。

孟女士很伤心，丈夫安慰她："不就是一套房子嘛，大不了重新装修，相当于我们住新房了。"

网友听了这句话，都纷纷表示孟女士嫁对了人。

其中点赞最多的一则留言是这样说的：

"我老公也这样，他认为财物失去就失去了，他说如果因为失去了某物品而去呵斥或训斥相关的亲人，那么他这样失去的有可能不只是一样物品了。只要事后懂得如何避免再发生就好，毕竟失去就是失去了，责怪谁也无法挽回。"

夫妻间最好的相处方式，就是彼此不埋怨。能够拥抱对方，彼此温暖，互相鼓励着走出困境，才是最理智的选择。

2

人人都羡慕钱钟书和杨绛的爱情。杨绛曾在《我们仨》中写道：

在我住院期间，钟书只一个人过日子，每天到产院探望，常苦着脸说："我做坏事了。"他打翻了墨水瓶，把房东家的桌布染了。

我说："不要紧，我会洗。"

“墨水呀！”

“墨水也能洗。”

他就放心回去。然后他又做坏事了，把台灯砸了。

我问明是怎样的灯，我说：“不要紧，我会修。”他又放心回去。

下一次他又满面愁虑，说是把门轴弄坏了，门轴两头的门球脱落了一个，门不能关了。

我说：“不要紧，我会修。”他又放心回去。

他感激之余，对我说的“不要紧”深信不疑。我住产院时他做的种种“坏事”，我回寓后，真的全都修好。

钟书叫了汽车接妻女出院，回到寓所。

他炖了鸡汤，还剥了碧绿的嫩蚕豆瓣，煮在汤里，盛在碗里，端给我吃。

钱家的人若知道他们的“大阿官”能这般伺候产妇，不知该多么惊奇。

钱锺书的动手能力弱，每次损坏东西后杨绛都不会指责他，而是安慰他说不要紧。

她的宽容和体贴，不仅没有培养出一个好吃懒做的丈夫，反而让丈夫感激不已，更加积极地为妻子做羹汤。

3

黄磊至今仍清楚地记得第一次看到孙莉时的样子：“她穿一条紫色的裤子，黄色的外套，头发很自然地披着……”

所以黄磊说：“我第一眼看见她，我就觉得她是我老婆。我们是一见钟情式的恋爱。”

1995年，从舞蹈学院附属中学毕业的孙莉，在同学的劝说下报考了北京电影学院。此时的黄磊是北京电影学院的研究生。孙莉参加考试的时候，黄磊当考务，做的是整理资料以及给老师倒茶水的工作。

考试期间，其他学生都准备的是一段带有感情色彩的表演，而孙莉进考场以后竟然离谱地念了一首唐诗：白日依山尽，黄河入海流……念完之后匆匆下台。其实就在她心不在焉地参加考试时，黄磊已经注意到了她。

“她如果考上了一定要追她！”黄磊在心里想。结果，孙莉真的考上了。

刚进电影学院的孙莉很快便与黄磊不期而遇。

孙莉说：“我有个同班同学和黄磊很熟，总去黄磊宿舍，我有时就跟着他去，然后大家一起玩儿。我那时候就特喜欢听黄磊聊天，听他聊表演，聊学校里的事儿。”

慢慢地，两人彼此更加熟悉和欣赏。初见两个月，黄磊便勇敢地向孙莉求爱了。

那一年，黄磊24岁，孙莉19岁。两个人当时的交通工具都是自行车。每次孙莉坐上后座之前，黄磊都会垫好一件毛衣："这样她就不会硌着了!"

没有那么多风花雪月的浪漫，也没有信誓旦旦的海誓山盟，有的只是平淡的生活和用心的关怀。

2004年3月8日，黄磊和孙莉结束了长达9年的爱情长跑，终于结了婚。

他们两人都不喜欢大张旗鼓，除了没准备结婚戒指，到现在两人都还没拍过婚纱照。

黄磊说，孙莉的个性比较淡泊，欲求比较少，不贪心，没有追求享乐的欲望，这点最打动他。

而在孙莉眼里，黄磊是一个真实的男人："我最喜欢听他讲话，他讲话特有感染力。接触多了，觉得他又特别正直。这些东西很吸引我。"

结婚后，两人都有自己的事业。两人不忙的时候更多会选择在家做饭，一起聊天、散步、看电影，与普通人的生活无异。

黄磊对待生活也有着深刻的理解："认真地工作，认真地对待你遇到的每一件事和每一个人，过平凡的生活，有一天你会发现，原来自己活得很有价值。”

4

真正的婚姻，都是用心经营来的。当你平衡好了工作和家庭的关系，当你能够自然而然地为家庭全身心投入的时候，你会发现，家庭中那种和谐美好的氛围，会一直围绕着你。

有人说，对于懂得爱的含义的人来说，婚姻是乐园。不懂得彼此理解时，婚姻就成了坟墓。

即使是最美好的婚姻，一生中也会有200次离婚的念头，50次想掐死对方的冲动。

随着时光的流逝，找到适合两人的相处之道，才是婚姻长久的秘诀。

作家素黑说：人靠在一起感到安宁才是幸福，黏在一起彼此疲累、相互埋怨便是孽。关系再亲，也应有自己的意愿和生活方式，并尊重别人的意愿和生活方式。保持距离，保留空间，自能相见欢，关系长久可亲。

没有突如其来的冷战，也没有无缘无故的尊重与支持。

你为婚姻付出的一点一滴，将来都会成为我们人生中最珍贵的宝藏。

Chapter 2

圈子不同，不必强融

你的善良必须有点锋芒

1

很喜欢一句话，善良是很珍贵的，但善良没有长出牙齿来，那就是软弱。

很多时候，过度善良，反而成了别人攻击你的借口。

豆豆刚面试进一家大公司的时候，作为新人，总被安排一些不属于自己的杂活。而指派她做事的老员工其实和她是同级，不过就是新老员工的区别。

豆豆刚进公司，又勤奋好学，起初也不在意多干些杂活。但那位老员工却变本加厉地压榨豆豆的业余时间。豆豆尝试过拒绝，但这位老员工不耐烦地说："这个不是已经说过了吗？你是新人，多做点儿怎么了？""这么简单的人情世故你难道不懂？我看你是读书读傻了！"

经历了几次这样的事情，豆豆终于决定正面反抗，她说："如果你只是一时让我做属于你的活，我可以包容你。但如果你一直都是这个态度，我接受不了。大家都是同事，都是为了生活而工作，我不觉得我有承担你的工作的义务。"

豆豆说完，办公室很安静，这位老员工也很尴尬。好在过了几秒，他想明白了利害关系，就笑着说："你看，你看，你别放在心上，我这不是把你当自己人，带着你熟悉工作嘛！"从那天开始，办公室所有的人都对豆豆很客气。

有时候我们不爆发，不代表我们软弱。适当的时候，我们应该以适当的方式表明自己的态度。

2

几年前，一位中国女留学生外出跑步，遇到一位德国女性"求助"，从而被诱骗至废弃建筑物中，随后被一对情侣残忍强奸、施暴并杀害。

前两年，中国访问学者章莹颖在外办事时搭上了同校校友克里斯腾森的车，失联遇害。

还有许多因为自己的善良而屡遭骚扰的无辜女孩。

当这些令人惊诧、难过的案件发生以后，我们才看到善良被利用的后果有多可怕。

我们都觉得要对这个世界温柔以待。很小的时候我们就被父母教育，一定要做一个善良的人，要懂得互帮互助。

但是，现实生活中有很多坏人企图钻人性善良的空子。

看过电影《素媛》，可爱的小女孩在下雨天独自上学，碰到了坏叔叔。他利用了孩子的同情心，希望孩子和他一起分享伞。善良的小女孩，是那么单纯……最后却毁了一生！

当善良被罪恶利用，会彻底伤害和毁掉我们的人生。

爱默生说：你的善良必须有点锋芒，否则等于零。

别逞强善良了，也别太大大咧咧了，时间久了，你身边的人就会觉得你所做的一切都是你应该的。即使有一天你撑不住了，哭了，累了，也没有人会心疼你、同情你。因为在他们眼里，这都是你愿意做的。他们会觉得一切都是理所当然。

3

曾看到过一则新闻，一个工薪阶层的好人坚持节衣缩食，资助贫困地区的学生读书，资助了整整9年。后来，这位捐助人罹患肝癌，需要住院化疗，捐助不得已中断了4个月。

被捐助人的母亲就气势汹汹地打电话过来，质问他为什么4个月都没有打钱。

当捐助者告诉这位母亲自己患病的时候，这位被捐助人的母亲直接抢过话来，说：“你不要跟我讲这些，我听不懂！现在你什么情况我也不想知道，我就想告诉你，你说过捐助我的孩子到上大学，可现在我已经4个月没收到钱啦！这个钱你到底还给不给？我的孩子是要靠你走出大山的，你懂不懂？”

听到这些话的时候，真的让人很心酸，也很愤怒。受了捐助者整整9年的恩惠，如今恩人得了大病，你们连一句最起码的关心慰问都没有，只知道追问捐助人还打不打钱，人怎么可以自私到这种程度？

善良不是盲目的，别人没有义务总是帮助你。

一个善良的人真正有自己独特看法的时候，那才是成熟的。

善良而有原则，温柔而不妥协，慈悲而有智慧，才是为人处世最好的方式。

与其生气，不如争气

1

苗苗毕业参加了工作。她以笔试第一、面试第二的成绩考入心仪已久的公司。

第一天，她欢天喜地穿了自己精心搭配的服装去公司。

谁曾想，刚进门，就遭到了同事的大笑。他们边笑边说："哎呀，你这搭配的是什么，活脱脱像大象穿着高跟鞋过独木桥。"

虽然是开玩笑，可是苗苗的好心情一下子没有了。

她知道自己胖，可是也尽量把自己打扮得美美的。

刚开始的工作中，苗苗每天认认真真，尽量做到最好。在周末公司聚餐的时候，最后轮到她给各位领导敬酒。领导说："小姑娘工作表现不错，这酒应该多喝点。你这体型，酒量一定大。”

苗苗恨不得当场挖个洞钻进去。

公司运动会的时候，苗苗勇敢地报了接力赛，回家后还拼命练习。

运动会当天，苗苗发挥得也很好，没有拉同事的后腿。可是在她跑完回到座位上的时候，她听到同事议论：“你看她的胸，还没生孩子呢，比生了孩子的女人都大呢。你说她走路累不累呀，哈哈。”

苗苗心里难过极了，觉得自己就像是一个大大的笑话。

在同事眼中，她就是一个一无是处的、为他们提供笑料的大胖子。

工作半年后，苗苗喜欢上了公司的一个男孩。

男孩看起来高高大大，笑起来有两颗小虎牙。

苗苗鼓起勇气和男孩表白了，没想到男孩当场就拒绝了她：“你也不看看你的样子，你没有任何一点地方吸引我。”

男孩的话刺痛了苗苗。

其实苗苗家境不错，因为上了大学好吃的吃得太多，所以才胖成现在这个样子。而且苗苗在上学时就很有经营头脑，家里投资她开了一个小店，收入也足够她做自己喜欢的事情。她只是想自己出来工作，积累点经验。

2

那天过后，苗苗辞职了。

她开始健身减肥，还利用那段时间报了法语培训班。

每当她很累很难熬的时候，她总会想起别人对她的评价："250的体重，一定拥有二百五的人生。"

那类话深深地刺伤了她，同时也像一桶冰水一样浇醒了她。

刚开始跑步，跑5分钟就累得气喘吁吁，到后来半个小时都轻松应对。

刚开始平板支撑，连10秒都坚持不下去，到了后来10分钟都可以坚持。

她的手机屏保设置成她最喜欢的汉堡，每次饿的时候，看一看好像也能充饥。

苗苗很努力地去坚持，即便这个过程真的很枯燥，也很痛苦。

两年后，当苗苗看着镜子里有马甲线的自己，突然觉得，之前的一切付出都很值得。

她要为自己炫一次。

当她穿着优雅的长裙，开着自己赚钱买来的跑车去她之前的那个公司的时候，那个曾经拒绝过她的男孩，在见到她的那一刻，尴尬得不知道该说什么。那些曾经嘲笑过她的同事，也都尴尬地笑着，为自己当初的话语感到羞愧。

3

有一个老总问他的下属："你知道毛毛虫是怎么过河的吗？"

下属给出了三个答案。

下属说："从桥上过。"

老总摇摇头说："没有桥。"

下属说："从叶子上过。"

老总说："叶子被水冲走了。"

下属接着说："被鸟吃到肚子里就过河了。"

老总强调："那样的话，毛毛虫就死掉了，也便失去了过河的意义。"

那毛毛虫究竟是怎么过河的呢？

最后老总告诉下属："毛毛虫要想过河，只有一种方法，那就是变成蝴蝶。毛毛虫在变成蝴蝶之前要经历一个痛苦的阶段。它在一个茧里面，暗无天日，没吃没喝。这种痛苦要经历很长一段时间，但是当它真正蜕变的时候，之前的一切都是值得的。”

生命其实就是一个不断过河的过程。每个人都有成功的机会，但是过程都是难熬的。要想成功过河，必须经受住难熬的时光，才能破茧成蝶，飞向美好。

如果说成功有捷径的话，那就是去改变，让自己变得更好。

4

如同《海贼王》里说的一样：“这个世界并不是掌握在那些嘲笑者的手里，而恰恰掌握在能够经得住嘲笑与批评。并不断往前走的人手里。”

当所有人被别人的声音压倒的时候，那些能够不被干扰、一往直前的人才是真正的胜利者。

生活给了我们快乐的同时，也会给我们伤痛的体验。

可是这就是生活，就是我们需要面对的人生。

有些人能够很坦然地面对一切，在伤痛之后更加争气。有些人却每天为一点小事就抱怨不停，或者悲观丧气、怨天尤人。

其实，很多时候生气不如争气。当我们有足够的价值，变得足够优秀的时候，那些冷嘲热讽就会离我们远一些。

让自己快乐的最好办法就是自己争气，去做得更好。

当一个人不断地让自己成长，让自己的内心变得更加强大时，许多问题都会迎刃而解。

如果遇事总是斤斤计较，不停地抱怨或生气，最终受伤害的只有自己。

别怕，人生的弯路上没有落单的人

1

我很喜欢“爬坡期”这个词。带着一些阻力前进的时候，“爬坡期”恰好是让人既劳累又清醒的阶段。

小雅在18岁那年，拖着重重的行李箱离开了家乡，开始了自己的闯荡之路。她像一只刚破壳的小鸟，又向往又恐惧着外面的世界。刚刚高中毕业，为了不给贫穷的家庭增加负担，她放弃了读大学。她知道有些选择真的带着遗憾，但是她不后悔，要拼出个样子，即使要付出很多代价。

她拖着装满日用品的行李箱全国各地跑。因为学历低、经验少，刚开始她只能做随团助理，甚至她想吃父母给她做的一顿饭都成为一种奢求。累的时候，有压力的时候，她会一个人躲在大巴车里哭。因为害怕父母担心，她从来都不会跟他们讲。

有一次，一位游客说：“小姑娘，你这么年轻就出来工作，真的有点可惜。不要放弃学习啊，10年后当你的同学或朋友聚在一起的时候，不要让自己觉得10年后的那个你辜负了时光。”

小雅听完那句话，心里又燃起了希望的火把。

她不再抱怨工作辛苦，在每次和同事带团的时候，总会和外国游客认真沟通，用蹩脚的英语和他们对话。

一年下来，小雅的口语进步飞快，并想重新回归课堂。

第二年，小雅认真准备高考，想再给自己的人生争取一次机会。皇天不负有心人，她真的考上了自己心仪的大学。

在大学校园里，她的学习生活安排得很紧张。每天5点起床练习口语，6点半跑步。各种社团的活动她都积极参加，周末兼职当英语培训班的教师。她不想因为自己的梦想让父母的生活负担更加沉重，便用兼职赚来的钱交学费。

4年后，小雅真的没有辜负自己走过的路。她没有让自己和别人的距离越来越远，而是用自己的努力，迎头赶上。

因为各方面条件都不错，小雅成功地考取了空姐。

参加工作的第一天，以空姐的身份为乘客服务时，她默默地掉下眼泪。这并不是心酸的眼泪，而是觉得努力奋斗取得了成果，受过的苦、流过的泪都是值得的。

多年后，你会感谢那个当初没有放弃的自己。

2

2018年，香港一名身穿小背心、热裤、爬山靴，绑着马尾辫，手拉重达200公斤货物的女生朱芊佩，突然走红网络，连《人民日报》都为她打call！

但朱芊佩不是网红，也不是明星演员，而是香港一名有8年经验的搬运工。在网络爆红之后，她被网友们称为“最美搬运工”。

认识朱芊佩的人都亲切地叫她“小珠”。2017年，有香港市民拍下她在炎夏手拉重达200公斤货物的照片，从而让更多的人认识了她。

小时候，小珠住在香港深水埗美孚新邨，做生意的父亲经常带她看货柜码头的日常运作，那时候小珠觉得搬运货物就像玩积木一样有趣。后来，小珠的父亲经商失败，高中毕业的她主动挑起家庭的重担。毕业后的5年里，她做过酒店保安、文职、销售员、清洁工、救生员……在此期间，小珠接触了运输工人。不善言辞的小珠羡慕他们没有钩心斗角、是是非非，便应聘了从报纸上看到的一则运输招聘广告中的工作。

在车水马龙的搬运区，小珠在男人堆中自在地工作。她说“大家说话好真、好直接，又很团结，有时不够力就会互相帮忙。虽然做物流成日大汗淋漓，但是做得开心，又能学到经验，又会学到不同的事情。”

一个女人成为一名搬运工，并不是一件容易的事情。小珠曾试过一个人卸60箱货，平均数百公斤一箱，忙到半夜1点半，卸完就只剩两个字——“脚软”。

这样的重体力劳动让她负伤无数。

有人问她：“受伤时害怕吗？”

她说：“当然害怕，运输卸货都是体力活，一旦受伤可能连饭都吃不起。”

她又说：“（但）我不可以倒下，因为我倒下就没有人撑我。”

这句话让人感慨万千，成年人的世界没有“容易”两个字，没伞的孩子更要拼命奔跑。

我们的人生就像是一场马拉松，虽然在途中有很多人都落在后面，但是每一个转弯都需要用尽全力，才不会落下。

3

心理学家告诉我们，一个人遇到的挑战越大，大脑的变化就越大，学习也就越高效。

每个人都需要走出舒适区，而你吃的苦、流的汗都会成为你的勋章。

每个人都想在舒适区里安逸地生活，可是不是每个人都有舒适区，这个舒适区需要我们自己创造。这个过程很辛苦，需要我们去迎接和挑战未知的事物，不断适应新环境、新变化。

长跑比赛的时候，有些人起跑时特别快，可是最后拿到冠军的却不一定是他。在起点冲刺，或者在开始阶段就抢先领跑，往往会导致中途的时候筋疲力尽，没有更持久的耐力。

而有些速度平稳的选手，甚至一开始跑在后面的选手，在别人疲倦的时候一直坚持，哪怕一个弯道就能反超对手。有这样全力以赴的拼搏精神，最后才会更有力量向终点冲刺。

人生也是如此，哪怕开始的时候落后，也请不要害怕，只要不放弃，人生的弯路上没有落下的人。

人的成长进步是一个长期而艰难的过程。从平凡到卓越，真的很不容易。我们唯有保持专注，把精力集中到自己需要做的事情上，勇于走出舒适区，去迎接一个又一个新的挑战，才能在通往卓越的路上走得更远。

4

或许我们每个人都可能遇到糟糕的处境，但无论遇到什么问题，哪怕是不能再糟糕的问题，重要的也不是问题本身，而是当时处于问题相持的状态下，你做了什么？你呈现了什么样的状态？是放弃被俘虏？是对峙僵持？是搏击抵抗？还是放开坦然的心态，以最大限度在内心接受最坏的结果？

其实当你勇敢、坦然地面对，你会发现一切迎刃而解。你的勇气会化作一股力量，将生活里那些困难打倒。那些困境带给你的不仅仅是磨难，更多的是成长。当你勇敢站起来的时候，你会成为生命中真正的强者。

就像那句话一样：这个世界上，并不一定每个人都有条件或者运气比其他人活得更出色。但是比起物质和社会地位的提升，我更希望，即便就是个普通人，不管遇到多大的困难，都能始终追寻生命里最光彩的一面，不带任何戾气，活得上进且平和。

不浮躁、不焦虑，一步步地来，一步一个脚印地走。人生本来就是一个酸甜苦辣的过程。用心体会它，你会发现人生非常精彩，你会活得更加充实。

尽最大的努力，做真实的自己

1

作者伊心在一篇文字中写过，21岁那年的春天，她度过了近3个月的抑郁期。她不知道自己有没有严重到抑郁症的程度，但是每天都沉浸在专心致志的悲伤里，动不动就哭出来。

她说："如今想来，当时的生活没有任何惊天动地的变化，全是心底里的迷茫，全是精神上的自苦。一个刚过20岁的年轻女孩，最想得到的，不过是这个世界的认可和赞同。可我，既达不到导师对我的要求，也不知道漫长的读研生活究竟有何意义。"

所有人都跟她说："你上学早，年龄小，应该继续读博士的。"却没有人问她："你真正喜欢的到底是什么？"她也不知道自己究竟喜欢什么，只知道自己厌倦了所有经济学论文中难懂的数学推理。

一直以来那么喜欢学校的她，竟然想尽了一切办法逃课。

她只觉得她心里的火好像永远都不会再燃起了。

4年之后，她25岁了。相比于4年前，她的人生其实丧失了很大一部分可能性。每天忧心忡忡的各种选择早已被定格，甚至再也无法更改了。她终于学会了好好拥抱自己，享受年轻又热烈的生命。她不再忧心尚未发生的未来，不再遗恨已经定格的过去，而是去寻找当下这一秒的美好。

她回想当年，那个时刻谨记着"别人的意见"，想要达到所有人标准和要求的自己，竟然从未有一秒愿意看看真实的自己。

现在每当有人问她，自己以后该怎么办，她总是说："不要去听别人的声音，要去听你内心的声音。如果暂时还听不到，也别害怕慌张。你要继续往前走，多尝试，甚至多摔跤，再爬起。你要付出一切真挚去感受一个真实的自己。"

找到真实的自己，找到真正的热爱，比任何"别人的意见"都重要，比任何"别人想要看到的你"都重要。

2

陈州6岁的时候，父母离异了，没有父爱母爱，他不幸福。13岁的时候，陈州被火车轧断了双脚，躺在那张小床上的时候，觉着自己不幸福。

直到有一次，他流浪到泰山脚下。那年他18岁，已经流浪10年了。他问一个山上下来的游客："大哥，泰山有多高，你觉得我能登上去吗？"那人对陈州干笑了两声，说："你问都不要问，你是不可能登上去的。"

陈州觉得特别受打击，第二天一早就拿着他的两个小木盒（他的鞋）冲进了登山的人群当中。他用了很长时间才登上南天门，手磨出很多的泡。一路上有很多人夸他，"小伙子你太棒了！"他非常开心。到达山顶的时候，他看到了人们梦寐以求的风景——泰山日出。

最重要的是，之前他是仰视一切的，但在那一刻，他俯视了周围的一切，明白了这种感觉叫"一览众山小"。所以打那开始，他登了上百座山，其中光泰山就登了13次。从此他就用另外一种心态去对待他的生命。

在非洲的戈壁上，有一种叫依米的小花，花期很短，仅仅两天的工夫便随母株一起香消玉殒。很多人都难以想象，依米花为了这两天短暂的开放，付出了特别多的艰辛和努力。在戈壁滩上，只有根系庞大的植物才能生长，而依米花的根却只有一条，蜿蜒盘曲着插入地底深处。通常，它要花费5年的时间来完成根茎的穿插工作，然后慢慢地积蓄养分，在第6年春天才能在地面吐绿绽翠，开出一朵很小的四色小花。为了那朵仅仅开放两天的四色小花，依米花株付出了它一生6年的光阴。

我们的生命，不问值不值得，只需懂得是不是。

3

电影《忽然七日》讲述了一个即将高中毕业的女孩萨米在情人节这天的经历：她先是起床和家人告别，然后和3个闺蜜一起上学。上课的时候，收到其他人送的玫瑰花；下课的时候，和闺蜜一起嘲笑班里的一个怪女孩朱丽叶。没想到晚上她和闺蜜几人出了车祸。之后萨米便不断重复着这一天的生活。

老师在上课时讲的西西弗斯，被众神惩罚推着巨石上山，不管今天推到哪里，明天都要从头开始推。在最后的一次循环里，老师说的话还有后面一句，那就是：西西弗斯在他自己造就的监狱中，唯一的出路就是改变！每天都重复着一样的人生，的确像是一个牢笼，紧紧地把他困住，永远也没有明天。这和萨米的遭遇一样，想要逃离，只能改变！

一开始萨米试图阻止……可是这些都无济于事，当晚朱丽叶还是会自杀，第二天生活还是会重复。萨米觉得，既然这样，那就破罐子破摔好了，索性做个彻头彻尾的坏女孩！画上烟熏妆，和闺蜜撕逼，和家人闹掰，对身旁的每一个人开火。但彻底的放纵和堕落并没有让萨米安心，反而让她更空虚！

她想明白了，既然有那么多次重来的机会，那为什么不利用，试着面对真实的自己，做更好的自己？于是她夸赞妈妈漂亮，和妹妹一起玩耍，与家人一起去曾经去过的餐厅吃饭，对每一个爱的人表达自己的爱，安慰父母离婚的闺蜜，选择喜欢自己并且自己也喜欢的男孩……

于是她获得了心灵的满足，发现顺从自己的内心，做真实的自己，才是让人快乐的唯一途径。

4

做真实的自己，每一天都很重要。

做真实的自己，才不会在这个世界上迷失方向。

现在，我们很多人越来越像社会这台高速运转机器上的零件，不断被打磨成所需要的型号。真正拥有自我的人已变得越来越少。

许多人正在变得离最初的那个自己越来越远。或许在回顾往事时，很多人会突然有“这是我吗？我怎么变得越来越不像自己”的感叹。

做那个真实的自己，即使不完美，也要用心而活，勇敢地活出自己，才是真正的人生。在世界这个大的画布上，应尽情展现我们独一无二的颜色。

世界找不到两片相同的树叶，也绝对没有相同的两个人，自己就是唯一。即使现在离自己的目标还很远，但独特的自己也是别人学不来的唯一。

接纳自我，做个阳光、潇洒、快乐的自己。自信有气质、勇敢而坚定，那样我们真的可以在许多年后，或者在梦中和最初的我们相遇的时候，骄傲地告诉他/她：你看，我没有辜负这个世界赋予我的生命。或许它在别人看起来很普通平凡，但是对于我们自己来说，却是最绚烂温暖的回忆。

我喜欢你用孤独救赎孤独的样子

1

很多人都在玩一款休闲小游戏，主角是一只可爱的小青蛙。

和简单的画风相似，游戏模式相当简单，玩家用三叶草购买食物、幸运符和道具3种商品，帮青蛙准备好出行的背包，做好随时出门旅行的准备……

至于青蛙什么时候出去，什么时候回来，就看它的心情了，玩家们没法设定，也没法看到进度。在旅途中，青蛙有时候会给你寄来明信片。

有了三叶草之后，你可以给蛙的背包和桌子准备东西。背包里是蛙会带走的东西，桌子上的是备用品，这样万一它回来时你没有来得及给它准备，它就会自己把桌子上的东西收进背包里出发……

有人说这个游戏让人提前体会到了“为人父母”的感觉：

“我的崽怎么天天在家宅着，都不喜欢出门？”

“这书有什么好看的，都看了一天了……”

“我的崽怎么还不回来？”

“我的崽在外面会不会被人欺负呀？”

……

有人说，蛙儿子让我们看到了曾经年少的自己，宅在家的时候被爸妈催着出去走走；出去玩了，又隔半个小时一个电话问什么时候回来……

有人说，这个游戏是城市空巢单身青年新的精神寄托。

或许，蛙还是那只蛙，只是我们都活得太孤独了。

很多时候，我们玩游戏，或许是因为孤独，用游戏填满孤独，用孤独救赎孤独。

2

我们每个人都是孤独的个体。

其实真正救赎我们的，还是我们身边爱的力量。

孤独让我们时刻保持清醒，让我们重新审视自我、认识自我、接纳自我。

成熟就是理解孤独，接受孤独，享受孤独。只有在跟自己对话时，才能自我反思。

笛卡儿说：“自我反思是一切思想的源头，人是在思考自己而不是在思考他人的过程中产生了智慧。”

有时候，我们需要通过孤独看清楚自己的内心。

朋友说：尽管手机里有500个联系人的号码，微信里有300个好友，可是有时候却觉得孤独到没有任何人可以倾诉，那些为了逃避孤独、疲于奔命的过程，真的比孤独本身更让人痛苦。

我们每个人都像孤独患者，在不断地自我拉扯。

其实孤独并不可怕。我们在安逸的环境里，很容易丧失该有的能力；而在孤独无依、艰难困苦的环境下，无奈地与孤独相处中，有时候真的能挖掘出自己都不曾知道的潜能。

不可否认的是，孤独确实会或多或少给人带来心理上的不适、失落，心无着落的空虚感。但是与孤独相处的过程，也是我们磨炼意志的过程。

3

有个姑娘在自己失意的时候，开始向前走，将过去抛在脑后。

她说："虽然每天早上起来打开手机收到的全是各种软件的推送，没有一条有人找过我的痕迹；一个人看剧到深夜，被剧情感动到泪流满面的时候也是自己拿着纸巾擦擦就了事；不管玩到多晚，依然一个人默默离开，打车回家；不管遇到什么委屈的事情，一杯酒解决不了的就两杯酒，一个人一饮而尽。我开始尝试独立，学着孤独。"

其实，我们每个人都有过孤独的时刻，那些孤独让我们的内心平静下来。

并不是风生水起、热闹非凡才是最好的生活。

玫瑰姐说过，"人生就是自我面对孤独的一场救赎。如何照顾自己的内心，如何与自己独处，越早学会越好。孤独有时候也并不是件太糟糕的事情，与嘈杂比起来，安静却孤独的生活仿佛还显得更妙一点。或许至少得有那么一段时间，几年的时间，一个人必须要自己生活着，才是对的，否则怎么能够听到自己的节奏。一旦它流淌出来，走在马路上，坐在地铁里，独自待着的时候，与朋友在一起的时候……它都会在那儿兀自发着自己的声音。这是属于你的声音，身体的一部分，不用再担心流失。”

如果不在孤独无依的状态逼迫下，你都不会知道自己可以那么坚韧，那么强大。

4

我最喜欢的一位作家是史铁生，最喜欢他的《我与地坛》，每读一次都心生波澜。

他是孤独的，即使并不一定比我们更孤独。

他总是以一种深谙孤独的姿态，讲述着芸芸众生都在苦苦挣扎的喜怒哀乐。

他在《病隙碎笔》写道：

人以一个孤独的音符处于一部浩瀚的音乐中，难免恐惧这恐惧是因为，他知道自己的心愿，却不知道别人的心愿；他知道自己复杂的处境与别人相关，却不知道别人对这复杂的相关取何种态度；他知道自己期待别人，却没有把握别人是否对他也有着同样的期待；总之，他既听到了音乐的呼唤，又看见了社会美德的阴沉脸色。这恐惧迫使他先把自己藏起来，藏到甚至连自己也看不到的地方去。其实这也不可能，他既藏了就必然知道藏了什么和藏在哪儿。

或许让我们孤独的不是这个社会，不是人与人之间的关系，而是我们自己。

很多时候，我们会站在熙熙攘攘的街道，看人来人往、车水马龙。有时候站在马路边，看高楼林立、霓虹闪烁。我们总会忍不住想：这一切好像离自己很遥远。

有时内心真的很苦涩，很失落。我们都是很容易体验到孤独感的人，但有的时候又特别享受这种感觉。相比于人群中的嘈杂拘束，更喜欢一个人的清静自在。

孤独是一个人成长、成熟、成就自己、强大自己的必经之路。

无须讨好，不必迎合

1

在网络上看到一个视频，一个男孩在户外布置精美的场景向女友求婚，可是女友却拉着闺蜜转身走了。很多人都说敢于拒绝的姑娘都能遇到真正的幸福；也有人说，好可惜呀，这么浪漫的求婚仪式却没有成功，估计女孩不想过早被婚姻束缚。

后来才知道，女孩和男孩在一起7年，男孩一直不想结婚，分手两个月后男孩才后悔，决定向女孩求婚，却被女孩拒绝了。

很多事情，当时没有让对方觉得温暖，过后再弥补或许就“冰冷”了。

就像那句话一样——我喜欢你的时候，你才闪闪发光；我不喜欢你的时候，你什么都不是了。

墨染分手了，别人为她担心，她却在内心欢呼雀跃，觉得自己终于解脱了。

墨染和前男友相爱相杀了5年，这5年她觉得自己真的像是体验了人生百态，中心思想都是：找到一个对的人怎么这么难？

墨染想和前男友沟通是真的难。有时候墨染加班有些疲惫，打电话给前男友问候，语气温柔地问："亲爱的，你在干吗啊？"换来前男友冷冰冰的一句："这么晚了你还不回家，在干吗？你的心里只有工作，也不早早回来给我做个晚饭。"她瞬间黑云密布，再也没有了好心情。

有时候他们在家待几个小时，前男友玩电脑，她看看剧弄弄其他的，各做各的事，对话不超过5句，还基本都是这个模式：

墨染说，亲爱的，你看这几支口红哪个颜色好看？

前男友说，人美涂哪个都好看，你这样的涂哪个都是浪费。

墨染说，我们公司那个谁谁，今天好像心情不好，好像和家人闹别扭了。

前男友说，做好你自己，没事别瞎操心。

躺在床上，墨染说，亲爱的，咱们休假去哪旅行呢？

前男友说，哪哪儿都人多，在家看电视多省事。

他们为这个吵架。墨染说，你好好和我说话，关心一下我的感受能死吗？前男友说，咱们都认识好多年了，哪有那么多聊的，我还不了解你？多说一句话你就得唠叨个没完。她竟无言以对。她的所有事情在他看来都没什么大不了，都不值得一聊。

连话都说不上几句的两个人，必定隔着一条鸿沟。

时间久了，越来越觉得陌生。

或许她的前男友觉得他们已经足够熟悉，熟悉到即使不怎么说话也可以好好在一起。

可是人生很长，和一个无趣的并不懂得对方感受的人在一起，没有办法肩并肩、心贴心朝着一个方向走去。

其实墨染有时候觉得是自己太矫情，前男友对自己还行，不冷不热，不离不弃。其实，她想让他掺和她鸡毛蒜皮的事儿，她也想融入他的生活，就算听他说说她不关心的政治、聊聊她不懂的球赛都好。人生里大事原本也没几件，我们要找的就是愿意跟我们讨论这些小事的人。

或许这就是人们说的没有共同语言吧。

你准备了一大堆话等着他回应，他却完美地做到了完全忽视。

很多人不明白能回得上话有多重要，甚至觉得对方要求太多。

可是当对方心里燃着一团火，兴冲冲地奔向你时，你冷不丁地回了一盆冷水，对方怎么会不身凉且心凉呢？

2

后来，墨染勇敢地选择了离开。其实墨染很有气质，恢复单身后，自然有了不少追求者。

这次她觉得一定要找到一个和自己有共同语言的人，而不是鸡同鸭讲。

柯然很喜欢她，经常约她出来。柯然长得壮壮的，给人的感觉很踏实，墨染和他相处了一阵子。

每天柯然都会想着话题找墨染聊天，也算是非常用心了。

墨染是个会计，工作有时候轻松有时候累，累得难受难免会唠叨几句。她说，累死啦，好想休息。柯然会安慰她说，工作累的时候，要放松心情，要不这个周末带你去看大海吧。

有一次墨染晚上感冒，打电话给柯然。柯然那天正好跟朋友聚会。墨染说自己身体不舒服，柯然回了一句我去看你。15分钟后，柯然带着药来到了墨染家门前。

墨染突然懂得，一个真正爱你的人，时刻都会关注你的感受，会理解你的心情。

后来，墨染和柯然举办了婚礼，她的前男友也来了。

在她结婚的那一瞬间，那位前男友才明白，他和她再也回不去了。他曾自以为是地认为只要两个人在一起，即使不对对方用心，对方也舍不得离开。可是他错了，当你不去珍惜对方时，对方也不是非你不可。

曾看到一段话：谁都不会想到，有些人能陪你走过莽撞青涩的少年、颠沛流离的青年，却无法穿过安稳麻木的中年，抵达相依相伴的老年。

3

在网络上看到一个帖子：那一瞬间你对对方死心了。

A说：那年冬天，在乌鲁木齐车站，他对着我说：要骂骂我，别骂她。我就死了这份心，提着大包小包的行李踏上了开往济南的火车。

B说：我和他住在一起。有一天晚上，我去厕所的时候看到三只蟑螂，吓坏了，跑回卧室让他帮我消灭掉。他当时醒了，然后很不耐烦地对我说：你还是回家算了！我当时什么也没说就躺下了，流了一夜的泪。从那一刻起，我就放弃他了。

C说：他无数次打击过我，无数次在我面前夸其他女人身材好，一直在忍耐，一直在努力。我吃减肥药，难受得要死想哭的时候，我不敢打电话给他，而是给他发短信说：我吃了减肥药，好难受。他说：减肥嘛，痛苦一点是肯定的。怎么说呢，从今天回头来看，他只是没有那么爱我。

选择离开错的人，才是最正确的选择。

有些伤痕刺在我们身上，是因为对方觉得我们对他的爱理所应当，认为我们的生命里他就是全部，所以才会肆无忌惮地伤害。

当你离开的那一天，或许他才会真正地明白那句话：

我爱你时你才那么闪耀，我不爱你时你什么都不是。

4

我们一个人也可以活得很好，也可以活得自在。

不需要讨好，也不需要迎合，做好你自己，谁都不是事儿。

活着不是为了给那些不喜欢你的人看，而是为了努力给自己看，然后有能力去爱喜欢自己的人。

有人说：“告别一段感情最好的方式，也许是‘你走吧，我哭一会儿，但不会哭太久’，绝不是非你不可。可以离开，但请你记得，要走，就走得利索，别一步三回头。我不会感激，更不会原谅。只会等到某天谢谢你，让我遇见了更好的自己和比你更好的人。”

真正想对你好的人，是不会轻易离开你的，因为他知道，这一定会给你带来很大的伤害。如果你不信，那不妨反过来想想，你会这么对他吗?

如果一个人不在乎你的感受，总是让你受尽委屈，那么放弃爱他吧，让爱情暂缓一下，我们总会遇见值得的人。

成熟的界限，是不轻易许诺

1

丁然和男朋友恋爱5年，刚开始丁然觉得特别幸福。

因为男孩对自己特别好，有事没事问候不断，绝不是多喝热水的类型，而是用各种甜言蜜语把她哄住。丁然每天脑子里想的都是男孩描述的美好未来。

那时的丁然觉得那就是爱情最好的样子。

男孩说：“我们要永远在一起。”

男孩说：“只要有我在，你不要担心未来的生活。”

男孩说：“你是我此生最爱的人。”

丁然开心得屁颠屁颠地和男孩在一起，哪怕是吃10块钱的麻辣烫都笑得合不拢嘴。

可是在一起的第4年，丁然开心不起来了，因为她发现，男朋友给她的，除了那些虚无的甜言蜜语之外，没有任何实际的行动。

他说要给她最好的生活，却每天埋头在网络游戏中拼杀得昏天黑地。

他说要给她最好的未来，却在创业失败一次之后就放弃，把一夜暴富的幻想寄托在彩票上。

每次丁然和他吵架的时候，他都会说丁然："你变了，你变得现实了，咱们这样好好的不行吗？"

一次次的失望，让最初的美好爱恋变成了彼此心中的煎熬。

可是为了最初的那份纯真，丁然还是没有离开他。直到丁然发现自己怀孕，因为没有结婚，也因为没有更多的存款，无法给宝宝更好的生活，所以丁然和他决定先不要这个宝宝。

去做流产手术的时候，朋友们直接赶去医院看望，发现她一个人躺在病床上。她的男朋友认为那只是一个小手术，那天居然和朋友相约去爬山了。

冰冷的手术结束的时候，她的男朋友只是来了个电话，让她好好照顾自己，别的什么都没问，最后敷衍地说了句"爱你"就挂了电话。

这一句“爱你”，在现实面前显得那么苍白无力。难道他真的爱她吗？如果爱，他会让她一个人面对这么伤心的事吗？

在做手术之前，她还默默地打了个电话，对他说：你现在能赶回来吗？我有些害怕。他说朋友还等着呢，等她做完手术回家给她熬鸡汤。她说，好吧。之后她一个人躺在床上不停地掉眼泪。

当她回到家，发现也并没有做好的鸡汤，而是他在和队友热火朝天地玩游戏。

一次次的失望让她变得心灰意冷，虽然听到他口头说“爱你”，但她早已感觉不到从前的那份处处为她着想的爱了。最后，她狠下心来离开了他。

爱情不是嘴上说说的，更是一种责任和担当。

2

情人节那天，应采儿发了一条微博：“八年前的今天……我们注册结婚。”

照片上的应采儿甜蜜地亲在陈小春的脸上。陈小春很开心，并且做出了一个加油的手势。

陈小春以前的绰号是“山鸡哥”，因为脾气火暴，生人不敢接近。直到遇见了脾气同样火暴的应采儿，他温暖的一面才显露出来。在应采儿面前，他始终笑眯眯的，收敛起自己的脾气，做让人心安的老公。

前段时间，两人一起参加了一个综艺节目，陈小春为应采儿写了一封信：

“你明白的，我爱你，就像天空不能没有星星、月亮和太阳。”

虽然只是短短的一句话，但是对于两个相爱的人来说，已经是最温暖的话语。真爱带给我们的力量，要比我们想象中有力得多。当一个人去爱你的时候，一定想要用心去懂你。

鲁豫在一次演讲中用第一人称讲了一段故事：

我和我老公第一次约会，吃的第一顿饭，我说的第一句话，我说“我没时间和你谈恋爱，我要结婚”。这句话说了你可能觉得我很二，但要知道那个时候，我刚刚结束一段长达六年的爱情。那六年我爱得小心翼翼，爱得委曲求全。我们很少见面，最常用的联系方式就是发短信。我总觉得一个男人对一个女人最大的承诺和赞美就是娶她。而我们之间从来不会谈这个话题。我很明白就是因为他不够爱我。就这样，我等了一年、两年，我想跟他死磕。但是六年过去了，我觉得我熬不住了，爱情慢慢地离我远去。

鲁豫讲述的这个女孩和与她约会的那个男人结了婚，并且过得很幸福。如果遇到对的人，他不会让给你等那么久。

那些嘴上说“我好想你”“我会一辈子爱你”“我会给你全世界最好的……”却从没为你付出过行动的男人，就像从来不跑步的人说自己热爱运动。

曾经的我们发现爱很简单，为了能见到心上人，不管多远都会去见面。就像电视剧里的男女主人公，哪怕走过千山万水，哪怕只是拥抱一下就会分开，他们都无怨无悔。

因为爱就是需要行动来证明。

一段好的爱情，能让一个人变得更好，更懂得珍惜。也许连他自己都不会想到自己有这么大的变化，而爱会让他在不经意间变得更好。

3

有个姑娘说，自己花了5年的时间，用生命中最好的5年，经历了她所有能经历的，追逐过所有她以为对她来说重要的东西，得到了她所能得到的一切，也失去了自己所能失去的一切。最后她才懂得了一个道理：原来，自己的幸福并不取决于自己生活在哪里，而是取决于生活在谁身边。

她说，这种感觉一点都不美好。

因为，当自己所爱的人为自己倾尽所有的时候，我们感觉到了幸福。

当自己所爱的人变得冷漠薄情的时候，我们又感觉到了无尽的痛苦。

知乎上有一个问题：为什么感觉不到男朋友的爱?

有个回答说得很对：检验真爱的唯一标准就是行动。

有些人会在嘴上说各种爱，但内心往往是敷衍的。我看到有个男孩被女友发现建了一个备胎群，同样的话他会分组可见，和那几个女孩说一样的情话，甚至送同款的项链。

这样的男人总是想在最短时间里获得更多的爱。有些女孩会上当。那样的甜言蜜语一时会让人觉得幸福，但却始终不长久。

所以姑娘们一定要擦亮眼睛，想要一段长久的感情，就一定要用心感受眼前发生的一切。你要分辨出他是在逢场作戏还是一往情深。

做什么事情，都不要承诺太多。并不是说承诺不好，而是人根本就没办法掌控未来。既然你都不知道明天会发生什么，那承诺又有何意义呢？所以也不要轻信承诺。

许多时候，不用想太多，也不用听太多。

你爱一个人就用行动好好爱。他对你不好就要果断离开。

4

金星曾说过这样一段话：

> 等我女儿长大了，我会告诉她，如果一个男人心疼你挤公交，埋怨你不按时吃饭，提醒你喝酒会伤身体，阴雨天嘱咐你下班回家注意安全，生病时发搞笑短信哄你……请你一定不要理他，然后跟那个可以开车送你、生病陪你、吃饭带你、下班接你、跟你说‘破工作别干了’后就真的甩一张银行卡给你的男人在一起。

爱是行动表现出来的，不是说出来的。当一个人对你真心付出的时候，再答应他的爱。

真实的感受远比虚无的情话要踏实得多。

每个人都有一张嘴，但并不是每个人都会去行动。

在生活的苟且里，打扮好自己

1

“安然，我怎么觉得你越来越胖、越来越丑。完了，我要性冷淡了。”

虽然只是一句玩笑话，但这句话被自己爱的人说出口，安然还是觉得很伤心。

那天安然和男朋友看完电影回家，走到她家楼下的时候，男朋友说了这样一句话。

本来以为是一句玩笑话，男朋友却接着说，为什么不多买几件衣服，你看人家其他姑娘都是好多衣服来回搭配，每天背的包包都不一样。

这些话，彻彻底底戳痛了安然。

她没想到，从学生时代就和自己谈恋爱的男朋友会说出这样的话。

晚上安然回自己房间后，看了看自己衣柜里的衣服，确实少得可怜。

本来她想工作后多攒点钱，就能和男朋友一起买一套房子结婚。

现在的她，买的衣服都是买二送一或是折上折的廉价服装，那双耐克鞋还是两年前男朋友送给她的生日礼物，一直穿到现在。

她再看看镜子里的自己，好像突然明白了男朋友说的话。

为了多拿一点奖金，每天熬夜加班，没时间运动，屁股越来越大，脸越来越油腻。

镜子里的她，每天回家穿着宽松的大T恤和一条黑色的阔腿裤，皮肤又黑又黄，才刚过27岁生日，看上去真的没有一点年轻女孩的活力。

她一直以为，为了心爱的人，为了今后的生活，现在凑合一点无所谓。她已经忘记了多久没有陪男朋友看过一次电影，多久没有吃过一次西餐。她总是想着攒钱攒钱攒钱，甚至连一瓶喜欢的饮料都舍不得买，一个星期点一次外卖都觉得浪费，更别说是好的护肤品。

她认为把钱省下来买房子，有一个家才是最重要的。所以她一直都在努力攒钱，像一头老黄牛一样无怨无悔。她也一直觉得自己是会过日子的，男朋友有一个这么会攒钱的女朋友不是应该高兴吗？

可是她发现男朋友看她的眼神越来越没有当年的欣赏。

当年那个在校园操场拉着她的手说要照顾她一辈子的人，慢慢地开始嫌弃她。

那天晚上，安然失眠了。

她回想了自己大学毕业之后的生活，好像活得太没有自我。她忽略了眼前的生活，放弃了无法复制的人生。

一觉醒来之后，安然制订了减肥计划。她毫不犹豫地报了健身班，清空了自己网上购物车里早就心仪已久却没舍得买的衣服和化妆品。

她和公司请了年休假，告诉男朋友自己要独自出去走一走。

虽然只是很短暂的小旅行，但是安然的心境发生了很大的改变。

原来，一切都很美。

2

看过一个小视频：

在女儿5岁生日时，妈妈送了一个礼物——迷你梳妆台，上面还摆放着各种化妆用的小工具。

当小女孩打开房门时，眼睛都亮了。她一脸兴奋地坐在梳妆台前，看着镜子里的自己笑个不停。

特别认同网友的说法：尊重女孩子爱美的天性，让她从小学会打扮，是给她人生最好的礼物。

美，不只是外表的引人注目，更是一个人对生活、自我的追求。正如卢梭所说，从我们心中夺走对美的爱，也就夺走了生活的全部魅力。

杨澜说，没有人有义务透过你邋里邋遢的外表看到你的内在美。

她在美国找工作面试，再一次被拒绝时，想起那个面试官的表情，非常抓狂。

面试官竟然说因为她的形象和她的简历不相符而拒绝继续向她提问。

她低头看自己的打扮，很明显，因为穿着问题，她被面试官鄙视了。

她发誓她可以用她的能力让面试官收回对她的鄙视，但她没有得到表现她能力的机会。

她在咖啡厅里偶遇的一个非常优雅的老太太说：作为女人，你必须精致，这是女人的尊严。

杨澜又一次面试，是一家大牌化妆品公司的市场推广。

她得体的着装打扮为她的表现加了分。

那个精致干练的女上司对她说：你非常优秀，欢迎你的加入。

3

演员陈数说她在表演上开窍，源于老师让他们用一件物品串联起人生的四个阶段，她想到的是口红。

从口红到眉笔、到睫毛膏、到粉底，从一个爱臭美的小姑娘到“为悦己者容”的娉婷少女，到结婚生子抽空也要给自己画一个精致妆容的中年妇女，再到迟暮之年看着自己的化妆品慢慢回味镜子里也曾年轻貌美的自己。

这才是一个女人走向成熟的标志：不管生活如何苟且，对美的追求永无止境。

职场上越有主角感的女人，越是精通穿衣打扮。有老师说，看一个人的穿着，能看出这个人是否尊重这份工作。

越是对穿衣用心的人，对生活越负责任。

法国女人从小接受的教育就是“追求外在美和内在美并不矛盾”。正因为爱美的天性没被压抑过，法国女人拥有全世界公认的魅力，法式风情也因此才会风靡全球。

时尚主编晓雪的《优雅》一书中有这样的话：“最不会穿的女人，就是把一身Logo穿在身上，再漂亮也是人家Logo的本事，不是人的本事。聪明女人要会藏起Logo的光芒，让自己发光。”

4

英国脱欧，让全球哗然、股市震荡，首相卡梅伦离职得黯然，“接盘侠”特蕾莎·梅上任得仓促。

特蕾莎·梅脚踩着一双豹纹高跟鞋，入主唐宁街10号首相府，引得媒体纷纷以“豹纹高跟鞋将统治英国”来报道她的上任。

穿着明亮的特蕾莎·梅是一道风景线，让民众灰暗的心情为之一振。她就此发出有力的宣告：“脱欧就是脱欧，我们将使之成功。”

一个爱打扮的女人，就算在危难之际，依然给其他人一种无与伦比的自信。

有人问：“打扮得好看可以当饭吃吗？”

很多人回答：“可以啊。”

那些会打扮的女生总是让人赏心悦目，像是生活中最靓丽的风景，让人看到就心生美好。

女人的人生，真是越打扮越好看的。当我们从内而外都散发出一种优雅的气质，那么我们的心境也会变得更加柔和。爱美的女人就像清晨晶莹的露珠，或许在草叶间并不耀眼，却能让整个世界更加清新明亮。

叔本华说：“人的外表是表达内心的图面。”陈丹青说：“在最高的意义上，一个人的脸便是他的人身心合一，我们才能在脸上开出最真实的花朵。”

爱美，是不能扼杀的天性。

爱美，让我们变成更好的人。

Chapter 3

知进退，有为有不为

努力和不努力的人，过的是不一样的人生

我们每一天的努力，都是为了更好地接近自己。

1

楠楠这一年第二次升职加薪的时候，她请朋友们一起出来吃夜宵。

海鲜大餐就着小啤酒，她激动得边说边哭起来。

她说："真的不容易啊，我真的坚持下来了。"

没有人知道楠楠刚参加工作的时候，做的是最普通的接发文工作，每天和她打招呼的只有打卡机。

虽然工作的内容简单，但是在进公司之前她就在家里做足功课，了解入职岗位所需要的能力素质。还没有开始工作，她就看了大量相关的专业书，做了两大本读书笔记。进

了公司，直奔主题，认真对待交代到自己手中的每一个小事。手头随时都有一个工作记录本，上面密密麻麻地码着每天的工作安排、自己的心得、别人的经验等。

可是开始的那个阶段，楠楠还是感觉到了孤独。那种孤独并不是工作的单一，更多的是周围的人对她的忽视。

她所设想的场景和现实还是给了她重重一击。

好像自己是个隐形人一样，只有别人需要她那一块内容的时候才会想到她。

有一段时间，楠楠特别消沉，觉得人生好没劲，未来一片迷茫。

可是在一个清晨，楠楠突然心血来潮，想要去晨跑。

那一天，她在跑步的途中看到周围的景象：卖早点的阿姨早早地在微笑着摊着煎饼，环卫工人已经把整条马路打扫干净。明朗的天空下，几只小猫在追着一只小蝴蝶。来来往往的人们都在努力生活着。

那一瞬间，楠楠明白了，只有努力生活才能拥有最好状态的人生。

从那天开始，楠楠不再纠结于别人是否在意自己，而是在工作中努力充实自己、学习策划、每天坚持练习英语口语、周末的时候去上口才和思维训练班，好像每一天都排得满满的，反而没有时间去迷茫。

好像生活就是在你决定改变并努力之后，慢慢地变得好起来的。

2

后来有一单国外业务，在对方派出的代表和他们沟通的休息时间，楠楠本来只是以一个刚入职的新人的身份去端茶倒水，结果对方和她聊了起来。聊着聊着，楠楠说出了自己的观点和自己对这项工作方案的一个总结。楠楠流利的英文和缜密的构思让对方眼前一亮，甚至连楠楠所在公司的领导都对她刮目相看。

对方立刻就决定和他们公司合作，并且要求这个项目由楠楠负责。楠楠迎来了自己的第一次升职机会。

当薪资高了一点，有更多的资本去经营自己的时候，人也会变得越来越自信。

楠楠更加清晰自己努力的方向，每一个阶段都会有一个阶段计划。

她在努力工作、努力生活的同时，也感受到了努力带来的乐趣。好像在爬山一样，一山又一山，每到一个新的阶段，都会看到不一样的风景，人的心胸和眼界也会发生很多改变。

网上曾有过这样一个提问：你为什么这么努力？

有人答：因为我不想迫于生活而丢掉生命里的各种喜好，不想迫于价格而必须放弃喜欢的商品，不想迫于金钱而无力赡养老去的父母。

我们努力的每一天，都是想要更好地去感受我们的生活。

3

在《奇葩大会》上看到一位00后，身上贴着“月入10万”的标签。

当我们逛着淘宝、看着偶像剧时，这位00后是在校高中生，当过Coser、出过小说、选过偶像女团、做过微商，如今在运营着自己的公众号，做得有声有色，已达到月入10万的地步了。

更早前，一位00后CEO站在舞台上吐槽成年人的视频爆红。

这位00后吐槽了成年人一把：“当我拿几十万上百万的投资和奖金的时候，很多成年人还在打着王者荣耀，拿着基本工资，过着十年如一日的生活……”

真正的年轻人应该是努力努力再努力，努力到拼尽全力了，便会无怨无悔。

我们不做“齐天大剩”，要做就做万众瞩目。

刘同曾经问柳岩：“为什么你一直都要那么拼？值得吗？”

柳岩回答：“我一直在奔跑，是因为跟我同时奔跑的有太多人，如果我停下脚步，很多人会跑在我前面。所以我只有不停地往前跑……”

《创造101》的导师罗志祥说：“你可能今天走到一条死路。它前面有一道光，你还是要挤，一定要挤进去，因为你如果不挤的话，后面可能就挂了。”

人生的路不只一条，却不见得条条顺利；即使条条道路通罗马，也不会马上见分晓，但走在前面的吃苦，走在后面的吃土，却是大家都认同的道理。

4

花草树木的生长都需要时间的积累，需要一个周期，没有哪一颗种子能在瞬间变成参天大树，或者开出娇艳的花朵……

种子的成长需要一定的时间去蜕变，只有经过量的积累才能促成质的转变。

有个男孩说：“看过世界的人，眼睛里是有光的。看过的世界越大，内心的距离感就越小，为人处世的格局就越大，对生活的追求就越高。其实老家从来没有变小，是我们的眼界变大了，能接纳的距离越来越远，能包容的事情越来越多。你每前进一步，与这个世界的距离就缩短一步。就算某一天必须要跟这个世界握手言和，你们也是棋逢对手，而不至于被世界击打得体无完肤。”

但行好事，莫问前程。

当我们更努力的时候，才会更好地看看这个世界。

所有不妥协的坚持，都是对生活的热爱

1

很喜欢一句话：风也有味道，生活又旧又美好，又丧又美丽。

这是谨然第五次搬家了。她右手拖着行李，左手挎着包，下楼的时候不小心崴了一下，脚上的高跟鞋鞋跟掉了。顶着大大的太阳，她就那样一瘸一拐、一步一步吃力地走到了小区门口。她感觉自己就像是电影里火车站背着重重的行李、抱着娃、一脸沧桑孤立无援的女人。她觉得自己狼狈极了。

不知怎么地，鼻子一酸，眼泪掉了下来。

她突然很想妈妈，想家。

当时离开家出外闯荡的时候，很多次爸爸都打电话让她回去，讲家里有安逸的生活，不用她一个人在外那么拼。

可是谨然总觉得如果现在回去的话，她的心里就好像少了一块儿什么，她还想继续坚持一下。

回想当年男朋友出国时和她分手；准备艺考的时候她每天练形体浑身酸痛，为了保持身材一天只吃一个黄瓜和一个苹果，饿到看谁都像电冰箱；腿受伤躺在病床上；一个人出来闯荡遭遇过马桶漏水、半夜老鼠咯吱咯吱咬地板，她都咬着牙没有掉一滴眼泪，也没有退缩。

可是在那个很沮丧的下午，她真的很想要放弃。

那年艺考前一周，谨然的腿因为一个动作摔伤了，医生说她不能再跳舞。

躺在病床上的谨然，睁着眼睛呆呆地看着天花板，旁边的妈妈泣不成声。

妈妈说："孩子，这是你一直的梦想呀，怎么会发生这样的事情……"

谨然沉默了一天之后，终于开口说话："妈妈，人生有无限种可能，只是不能再跳舞，我能做的事情还有好多。"

谨然康复后，复读了一年，考上了一所大学，读的是播音主持专业。

大学毕业后，谨然一个人去了北京，开始了自己梦想的新生活。

谨然成了一名电台主持，租的房子虽然又旧又破，但是每当电台里那些好听的声音响起，谨然都会觉得充满希望。人生不就是晴雨交替吗，就算房子里的马桶漏水，整个房子闻起来臭烘烘的，谨然也嘻嘻哈哈地和闺蜜打电话说：这样的味道再来一串臭豆腐会更配哦。

谨然搬了好多次家的原因是：她想要在那座城市中，不断地去体验和感知生活，这样讲述出来的故事才会更好地融合在自己的声音里。

虽然一路上很疲惫，可是到了新租的地方，拉开窗帘，眼前是一面大大的窗户，窗外的景色很美。

那一瞬间，谨然觉得，人生不就是折腾成自己想要的样子嘛。

哪怕中途很丧，那又有什么关系，至少让我们收获到更多的成熟与坚韧。

2

我相信很多人都看过电影中的钢铁侠，而被称为“现实版钢铁侠”的，就是SpaceX、特斯拉汽车及PayPal三家公司的创始人、传奇创业冒险家：埃隆·马斯克。

马斯克是多个传奇的缔造者。他10岁学会编程，12岁设计太空游戏软件并出售。他是物理学与经济学的双料硕士，在斯坦福大学仅上了两天课就博士肄业。他打造出了世界上较大的网络支付平台之一：PayPal。他造出了全世界较好的电动汽车之一：特斯拉。他甚至创建了成功发射火箭的私人公司：SpaceX。

作为一个工作狂，马斯克在创业中曾有过无数次“凌晨3点不回家”。创建SpaceX期间，马斯克和工程师们一起，一周7天，无休无眠地工作。他一路走来，经历了太多比疲惫可怕万分的挑战。

即便是心中有着强大梦想作为支柱，他也曾经有过濒临崩溃的时刻。

就在全世界的嘲笑中，马斯克花光了自己的积蓄，和SpaceX的工程师与科学家全力以赴，顶住了巨大的压力，但是却换来了接连三次的发射失败。

那些看热闹不嫌事大类型的人，他们都巴不得看马斯克一次次丢人，但是他依然没有放弃。

2016年4月，第四次发射前，他微笑着对媒体说：要么就见证成功，要么就当看烟花吧。

终于，第四次发射成功了。

发射成功的猎鹰重型火箭上，载着马斯克的特斯拉Roadster跑车，以及虚拟驾驶员Starman。车子会被送入地球—火星转移轨道，并不间断播放1969年戴维·鲍伊的成名作《太空怪咖》。

按照马斯克本人的原话："这辆车会在宇宙中飞行超过10亿年。"

火箭还携带了一个几乎坚不可摧的磁盘，上面存储了艾萨克·阿西莫夫的科幻小说。6000名SpaceX员工的名字也被刻在了饰板上，被猎鹰重型火箭携带升空。

猎鹰重型火箭成功海上着陆，着陆船名为"我当然还爱你"。

有人说这是在表白自己的前女友，也有人说这是在表白梦想。

马斯克说："我不知道什么叫放弃，除非我被困住或者死去。"

3

俞伯牙说："只有流过血的手指才能弹出千古绝唱。"

作家杨熹文4年前办理出国手续，她穿梭于各个公证处，在拥挤的人群中低声下气地求着一个又一个人。刚开始，国外的生活也没让她轻松过。她没有绿卡，为攒学费在华人开的中餐馆打工。没有钱，就吃泡面，住最廉价的房子，不舍得坐公交车，一个人下狠心走夜路，每个晚上都担忧着明天，好像生活中每一件意外发生的事都会扰乱她的人生。

4年后，她终于在国外扎根，结束半悬空的漂流生活，一个人跑到陌生的城市创业，穿梭于政府部门和搜寻新生意的路上。她住在房车里，闲时写字旅行，享受当地人70岁之后才敢拥有的人生。

她在那篇文字中写道："记得和朋友讨论过出国最初曾经受过的委屈，朋友感慨地说：'其实我们也该知足了，幸亏生而为人，这如果是在动物界，就我们两只小绵羊，早就被吃了！'我心生感慨，物竞天择、适者生存的道理，到哪里都适用，在我们残酷的社会里，一个人单靠直觉就知道最弱者在哪儿。我曾经质疑过人性的残酷，却发现这质疑是如此无力，那些年遇见无数坏人，他们给我多少委屈，多少眼泪，令我下无数遍'以后一定要出人头地'的决心，却也让我看清楚，努力是唯一解脱的方式。"

4

朋友曾经一夜布展，在高楼中上上下下，带领工人一起搬运展品，那是她第一次看到夜班人的工作状态，她强忍眼泪。有时候还觉得自己很辛苦，其实和他们相比，她觉得自己都太幸运。她突然想起20岁开始的每一个项目经历，有吃止痛片度过，有凌晨在车上，有在剧场睡着，和那些真正辛苦的人对比，好像那些苦真的不算什么……

纪录片《脸庞，村庄》，让人觉得普通人的生活也可以让时光定格。两位艺术家将原本斑驳空洞的墙面，变成盛大的露天肖像博物馆，以此来向每个平凡却又勇敢做自己的人表达敬意。

艺术家用自己的作品，让更多的普通人感受到这个世界的暖意。

其实，我们不必想未来，不必想明天，今日事今日毕，只要坚持下去，就很不容易了。而日事日毕的理念贯彻下去，执行力的成果就会慢慢润泽我们的生命。

每个人都希望梦想成真，成功却似乎远在天边、遥不可及，倦怠和不自信让我们怀疑自己的能力，甚至放弃努力。

因为拥有梦想，让我们更爱我们的当下和远方。

迷茫时，静下来看清自己的内心

不管全世界的人怎么说，我都认为自己的感受才是正确的，无论别人怎么看，我绝不打乱自己的节奏。

——村上春树

1

一个朋友，大龄女青年，没有男友，没有稳定的工作，和家人也一直“冷战”。

有一段时间，她觉得自己被整个世界抛弃了，她甚至觉得自己的出生都是一个错误。

上学时学油画的她，把自己关到小屋里，疯狂地画自己的画。

不与人交流，不接受外界的变化，也不想看到家人。

哭了无数次，也无数次想要逃离当下的生活。

当一个人的内心开始浮躁并厌恶这个世界的时候，无论做什么事情都像是在与这个世界对峙。

内心空荡荡的，像是塑料假花一样，没有生机。谁也走不进来，她也走不出去。

她发的所有朋友圈都是在抱怨家人的不理解，抱怨自己生不逢时，抱怨自己遇不到真正的爱情。她说：我活着就是浪费。

所有人都看到她满满的负能量。

她把对所有人的厌恶都昭告天下。

之后的一段时间，她连抱怨的力气都没有了，她开始平静下来。

每天早起跑步、晨读，学习插花和刺绣。有绘画功底的她，学习插花和刺绣都很得心应手。慢慢地，她的内心变得柔和起来，她慢慢发现了这个世界的美。

她开始用心拥抱这个世界。

虽然她周围的环境都没有改变，但是她改变了自己的内心。

当自己的心像蓝天一样变得空旷，一切杂质都会被风吹走。

唯有静下心来，身处繁华或困苦中才能不至于扭曲和浮躁，才能倾听到内心真实的声音。

2

有个姑娘留言，她说：“我被同学们讨厌，他们偷看我的日记和手机，还诽谤我偷拿了同桌的钱，我解释，他们根本不听。我的家庭条件不好，穿衣服很普通，他们嘲笑我是‘小姨妈’。我一紧张就有些结巴，他们戏谑我是‘大笨猪’。我一直敏感自卑，遇到别人的指责，我无力辩解，但是我真的很想逃离，很想离开这个世界，我该怎么办？”

从每一个字句都能感受到她的无助和难过。

可能我们每个人都无法靠讨好别人成为完美女孩。

他们笑你普通，你就要不鸣则已，一鸣惊人，让他们看看。

他们叫你“小姨妈”，那你就要努力学习，做一个快乐的学霸。当有一天你真正独立，拥有自己的事业和生活的时候，你的智慧和内涵会抵得过千万件漂亮衣服。

哪怕我们不受所有人欢迎，我们也要做被自己欢迎的女孩。

这些都是我们人生中不可避免要面对的，不要认输、不要泄气、不要自卑。

别人的话语无法决定我们的人生。

越是不被看好、被嘲笑，就越要争气，越要坚定且漂亮地走下去。

我记得上学时身边有一位姑娘，家庭条件很好，但是她一出生就患有小儿麻痹症，导致右手不灵活，走路也有些一瘸一拐，说话也受一些影响。

因为手的缘故，她每次写字总是很慢，而且很费力才会写出歪歪扭扭的几行字。老师们都很理解她，但是周围的同学却有很多在嘲笑她。

后来快高考的时候，我记得那个夏天她穿着T恤，有几个男生居然很恶意地撩起了她后背的衣服，虽然被周围的女生及时制止，但是我还是看到她眼里转着的眼泪。

难道生来和别人不同，就一定要这样不公平地被对待？那个时候，我能感受到她心里的绝望。

后来她没有上大学，但是父母对她特别好，给她开了一家小店，让她能够独立却又不容易受外界过多的指指点点。那个小店被她布置得很温馨，她也开始变得阳光起来。

几年后，当我再见到她的时候，她已经结婚生子，谁说被嘲笑的人生就会一直倒霉下去？

她说："之前的很多年我都超级自卑，我走路不好看，我说话不清楚，我的手就是我的致命伤，我觉得没有人会喜欢我，我甚至觉得我活着就是一个笑话。可是当我再成熟一些，我懂得了父母的不易，我觉得每个人的生命都是有意义的。后来我认识了很多温暖的人，他们给了我很多力量，我渐渐变得独立乐观起来，现在我再也不觉得我比任何人差了。”

在生活中，越往前走越觉得，当你变得更阳光，内心更强大，你的人生也会变得更值得。

3

很喜欢那部《走出荒野》，它是根据作家谢丽尔·斯特雷德（Cheryl Strayed）26岁那年的亲身经历写成的。

在她22岁时，她亲爱的母亲突然去世，一时间，悲痛就像是切入了肌肤一样，让她在欲望的诱惑之下无所适从。长达4年多，她荒废了学业，背弃了爱她的那个男人和一段婚姻，混迹于一个又一个男人之间，还沾染上了毒品……

她彻底迷失了自己，一如她那年给自己的名字“Strayed”。

一个偶然的契机，没有任何经验的她，决定踏上太平洋屋脊步道（PCT）的旅程。其实她并未期望这次旅程能改变什么，只是不想再这样自甘堕落下去。或者，这次徒步也能让她想明白一些事情。

一路上，她跋涉过荒漠高山，蹚过积雪川流，并且时刻要提防着响尾蛇、美洲狮和灰熊的袭击。领略过多少风景，就会遇到多少危险。在她因为孤独、口渴、恐惧和痛苦而快要放弃的时候，那片荒野总会出其不意地予以回报。其中的感受，也许只有那些真正走入荒野的人才会知晓。

1个人，94天，1100多英里。

这是她一个人的徒步旅程，更是她由痛苦迷茫到渐渐蜕变的心路历程。

她说："如果说徒步只是一次短暂的旅程，生命就是一次漫长的旅程。纷繁芜杂的生活里，总是有太多诱惑，太多干扰，渺小如我们每个人，如果没有一颗强大的心脏支撑，很容易迷失。徒步，在茫茫荒野中踽踽独行，能让你更清晰地看清自己。你会发现，自己想要的其实并没有那么多。"

人生这一场风雨兼程，要让自己的内心变得勇敢从容。

4

我们需要直面内心迷茫，需要给自己一段时间去调整，让自己更好地去适应这个世界。每个人不可能总在一帆风顺的处境中，生活中各有各的难，有时候我们真的想要逃避眼前的一切，不想承受那些风雨和挫折。

无数次想要放弃。

可是，在放弃和坚持的矛盾中，我们也总是告诉自己：再坚持一下，或许就好了呢。

不是所有事情都会有转机，但是也要相信生活有变好的可能。

让自己的心休息一下，然后再重新出发。

风雨过后，就算没有彩虹，也会有一片凉爽的天地。

你不邀明月，明月自上心头；你不引清风，清风自来。

难熬时，咬紧牙关别认怂

1

常彦灵住的地方，准确地说是在地下室用木板隔出的不足3平方米的小间，月租200元，包括做饭、洗澡的一切费用。地方小，除了床，就是两个用别人不要的装衣服的木板箱做的小书架和写字台，刚好把屋子里剩余的空间填满。地下室虽然有窗，却终年不见阳光，白天和夜晚一样。做饭的地方在楼上，是公用的，需要排队。每次做饭一定要先想好都要用什么东西，不然就得楼上楼下跑好多趟。洗澡也排队，后来索性要么早上五六点洗，要么夜里一两点睡一觉之后再去洗。

生活的重心始终是考试。离地下室不远，是她心仪的大学，那年她一次报了六门，其中专科的最后一门，要连考整整2天。她没敢睡觉，怕一睡着就把好不容易记住的东西都忘了。两天全靠咖啡提神，实在困得不行了，就看1～2个小时，眯10分钟。后来，坐在考场位子上，人就止不住困到要倒下，当时后悔得直想哭。考完试回去，午饭也没吃，又冲了浓浓的两袋咖啡，撑到下午考完。

终于如愿以偿，考上了心仪的大学。

多米诺骨牌最惊艳的一刻，就是推倒的一瞬间。

曾看过一个视频，主题为《别把梦想逼上绝路》，讲的是失明女孩董丽娜。

她说："人生怎么可能刚开始就看到结局呢？如果我连做梦都不敢，怎么能够有实现梦想的机会？"

她告诉自己要有一个新的开始。那时候，她开始拼命地练习盲文，虽然辛苦但很幸福，因为看到了希望。

经过很长时间的努力，她不仅学会了盲文，还把很多故事录成了音频，激励了很多人。

2

那些难熬的时刻，都是我们今后人生的支柱。

Kayla说自己最难熬的是2017年。

失业、分手、创业失败，家人住院。所有的不如意尽数遇见。

每天睡不着觉，莫名其妙地就哭了。头发大把大把地掉，真的害怕会秃了。一天一顿饭（一个面包）维持了好长时间。

情绪低落，做什么都提不起精神。感觉人生看不见丝毫光芒。和家里打电话佯装高兴，放下电话感到深深的失落。真害怕自己一辈子都会这样。

沉思良久，她决定回家，哪怕重新来过。家人温暖了她。她80多岁正在住院的爷爷告诉她，你还年轻，有什么过不去的？是的，人生还很长，没有过不去的。

收拾旧心情，每天晨跑5公里，3个月瘦了40斤。每月读3本书。周末爬山、拳击。在补习班兼职。报了瑜伽和插花班。

虽然工作上还很迷茫，但是心态平和了很多，每天很累又很充实。阴霾总会过去，阳光会重新洒在身上的。

她说："或许，我的经历不算什么。但正是因为体会了，懂得了其中的苦楚，所以真心希望每一个处在人生低谷的伙伴都能咬咬牙，挺过去。那些最坏的日子里不要轻易放弃自己。路还很长，你也有光芒要绽放。"

难熬的时候一定要有自己的信念。

信念的力量在于即使身处逆境，亦能仰望星空，它是支撑我们对美好事物孜孜以求的力量源泉。

3

朋友最近一直在和可儿抱怨，语气无奈而惆怅。

她说：“我感觉我25岁就进入更年期了，觉得生活既枯燥又单调，一点意思都没有。”

“大姐，你才刚刚过了青春期好不好，你的人生才刚刚开始，怎么就觉得生活没意思了？”可儿回应她。

朋友的生活节奏就是太闲了，每天就是上下班等待按指纹，工作就是简单的重复，周末的时候就是宅在家里玩游戏或看电视剧，饿了就点外卖。

可儿说：“你好好想一想，你把生活中最好的时光都用来荒废了，又怎么会有更多生活的激情，如果你不想再继续这样消沉下去，那么你就尝试改变，做一些你喜欢的事情，努力让生活变成你想要的样子吧。”

周围的人都知道，可儿才是最努力、最拼的那一个。

可儿刚毕业的时候进入了国企，可是每天有规律却又没有太多动力的工作，让她选择了放弃，她开始自己创业。辞去了工作，开了一家奶茶店。

每天凌晨就要掐醒自己，准备起床，有时候人多，一天不停地站着，她的腰都有些受不了……有时累到躲卫生间里哭，哭完一抹眼泪，出来继续干。

生活不会因为你是女孩就善待你，每一个人都需要咬牙坚持，为自己的梦想埋单。

朋友问她："辞去那么稳定的工作你后悔吗？"

她一脸坚定地看着朋友说："与其过着一眼望到边的生活，还不如做一些自己喜欢的事情，哪怕刚开始很难熬，但是我想要更好地用自己的角度，看看这个世界，并且想要得到这个世界的认可。"

4

俞敏洪说过，人的生活方式有两种：第一种是像草一样活着。你尽管活着，每年还在成长，但是你毕竟是一棵草；你吸收雨露阳光，但是长不大。人们可以踩过你，人们不会因为你的痛苦而产生痛苦；人们不会因为你被踩了，而来怜悯你，因为人们本身就没看到你。所以，我们每一个人都应该像树一样成长。

我们都有身处低谷的时刻。如果遇到一点困难就停下脚步，那诗和远方就永远不会到达。

那些难熬的时刻，不过是人生路上的修行而已。

不要怕，抬起头。

咬咬牙，一定都会过去。

万般难过，回头只是瞬间。

这个世界，没有懒洋洋的自由

1

18岁的时候，家境一般的小凡考上了大学，而他的朋友峰因为觉得读书没意思，家庭条件优越的他选择了自己创业。

进入大学以后，小凡学习依然勤奋刻苦，大学4年都坚持早起跑步，去自习室学习，常常在图书馆泡到半夜才回宿舍。参加各种社团，锻炼自己的各项能力，把自己的时间都有效利用起来，在他看来，每一分每一秒都特别珍贵。

大四时，小凡被院系推荐保送本校研究生。研究生的3年，他还是保持着不断努力学习的精神。后来毕业时，经过导师推荐，他去了一家很不错的公司上班，起薪就很高。

那时，他的朋友小峰因为有父亲的支持，自己创业后每个月算下来收入和小凡差不多。看似两个人不相上下，可是，小峰不读书的那几年，小凡都用来学习。没过几年，小峰和小凡的差距就越来越大了，他们的眼界和思维都有了很大的不同。

小凡对他的朋友说："如果不是读书，如果不是一直这么努力，我的人生经历或许很单一，过着自以为满足的生活，也没有更多机会去看看更大的世界。但现在，我靠自己的努力学习，虽然这个过程很辛苦，可是真的让我有了不一样的人生，也让我体会到努力带给我的真正意义。并不是说赚多少钱、拥有多少财富，而是教会我用自己的思维方式和运用更多的智慧去工作和生活。"

电影《无问西东》里，沈光耀跪在母亲面前背诵的家训第三条："祖宗虽远，祭祀不可不诚；子孙虽愚，经书不可不读。"

读书学习是我们一生都需要做的事情，这是我们每一个人通向广阔世界最好的路。

2

高中时何颖就听过，"大学就是一个可以随便逃课打游戏，肆意谈恋爱，无人管束的地方"。

所以上了大学后他从紧张的第一次逃课，发展到后来轻松愉快地逃掉一整天的课程都不觉得内疚；打游戏的时间从一天2个小时，发展到一天超过10个小时；从第一次考试挂科的自责，发展到后来因为想睡觉而不去考试……

舒适安逸的生活让何颖觉得生活就是这样潇洒自如。等到大二结束，何颖尝到了庸庸碌碌度过大学2年带来的结果——累计挂科8门，平均学分绩点只有1.08。

这样的成绩连学位证都拿不到，何颖开始慌了，他心里慢慢地萌生了改变的想法。

与哥哥的一次谈话让他彻底下定决心改变。

“当我又一次玩游戏到凌晨3点时，我的哥哥才下班回家。同样作为一个本科生，为了不足4000的工资，他时常需要工作到凌晨甚至通宵。那晚他告诉我，他最后悔的是本科没有好好学习专业课，白白浪费了4年的青春，只能默默地羡慕其他同学。从那一天起，我就暗自发誓，我一定要改变。”

如果要改变，首先要解决自己的学业问题。大三期间，除去应修的课程，何颖还需要另外重修挂掉的8门。他的课表被排得满满当当，多到可能同一时间在3座教学楼有3门课要上。

他开始了一场认真的蜕变之旅，不再逃课，每堂课都坐第一排正中间的位置。为了这个位置，他每天6点半准时来到教室，先去一、二节课教室放下自己的课本，再去三、四节课教室留下课本和字条，准备好这一切开始上自习。日日如此，风雨无阻。

认真分析了自身情况和就业对人才的需求后，何颖决定考研深造。2017年3月，他开始了考研这段破釜沉舟之旅。到后来的冲刺时间，何颖每天坚持学习长达11个小时，整个备考期间用掉的草稿纸累计近8000张，摞起来有1米多高。最终，他成功被北京大学录取。

3

看到过这样一组漫画：

画面上的每个人都背负着一个沉重的十字架，缓慢而艰难地朝着目的地前进。途中有一个人停了下来。他想：这个十字架实在是太重了，就这样背着它，得走到何年何月啊？于是他拿起刀，把十字架砍掉了一些。

砍掉之后，走起来的确轻松了很多，他的步伐也加快了。于是，就这样不断向前走，又走了很久。他又想：虽然刚才已经将十字架砍掉了一块，但它还是太重了。为了能够更轻松地前行，这次，他决定将十字架再砍掉一块……

这样一来，的确是轻松了很多！他的步伐也加快了。他毫不费力地走到了队伍的最前面。当其他人都在负重前行的时候，他一副很轻松的样子。

走着走着，前面出现了又宽又深的沟壑！沟上没有桥，周围也没有路。该怎么办？

后面的人慢慢赶了上来，他们把自己背负的十字架搭在沟上，做成桥，从容不迫地跨越了沟壑。

他如法炮制，可是他的十字架已经被他砍掉了一大截，根本无法做成桥帮他跨越鸿沟。

于是，当其他人都可以朝着目标继续前进的时候，他却只能停在原地，垂头丧气。最终他被自己的懒惰阻碍了，成了无法前行的人。

我们承认，这个世界有许多不公平的地方。富人拥有各种便利的条件，出国留学、接受最好的教育，毕业后不用为工作发愁，这些是很多普通人不可企及的。但是，很多的富二代也会更努力。何猷君，出生于1995年，是澳门“赌王”何鸿燊最小的儿子。毕业于麻省理工学院（MIT），他用了3年的时间，读完了4年的课程，成为麻省理工学院史上最年轻的金融硕士。2016年3月，何猷君考取麻省理工学院的金融硕士，是校史上最年轻的学生，那年他才21岁。

他说：“为什么我能够3年毕业？一个普通的MIT学生每个学期平均读4门课。大二那年，我每天没能吃没能睡，功课多到我经常忘了哪一份是哪一课的，就是因为每学期读了8门。”

山本耀司说过：“我从来不相信什么懒洋洋的自由，我向往的自由是通过勤奋和努力实现的更广阔的人生，那样的自由才是珍贵的、有价值的；我相信10000小时定律，我从来不相信天上掉馅饼的灵感和坐等的成就。做一个自由又自律的人，靠势必实现的决心认真地活着。”

4

如果说预想的目标是100%，经过努力，自律的人基本能达到50%或者更多，但不自律的人连20%都达不到。

很多时候我们都会觉得从明天开始不晚，今天先干点轻松的事情，到了明天，又觉得还有下一个明天……

坚持的决心被我们三天打鱼、两天晒网而中途放弃。放弃之后，我们又会很焦虑，这样的心理状态对于事业成功和生活都有好多消极的能量，还很容易让人变得消沉。

很多时候我们都会有这样的感觉：在工作中，总是想要成就一番事业，却又总是无法坚持去不断地提升自己。在生活里，总是庸庸碌碌地过日子，又总是不能改掉自己懒惰将就的生活习惯。总是想要变得更美更瘦更优秀，可又总是舍不得对自己狠一点。稍微健身一会儿，就觉得浑身疼；稍微学习一下，就觉得脑壳疼，总是轻易向懒惰妥协。

其实要改变这种现状只有做到自律，才可以真正地让自己成长。

安德雷耶夫就曾说，一个人最大的胜利就是战胜自己。而自律的生活刚开始确实很消耗人的意志，它会时常挑战你的心理和身体极限，让你随时有想要放弃的念头。可是当你熬过那段最痛苦的自律时光，你会发现你整个人的状态会越来越好。

人生就是一场苦战，或许它经常会带给我们困惑乃至苦难。而想要变得更好的心，才是我们前进的动力和指路的明灯。

我们的人生不就是这样一个过程吗？为了梦想而付出，你就不会觉得遗憾。

多付出一点，遗憾就会少一点，快乐就会更多一点。

勇敢前行，用你的能力去和这个世界对话。

执着，是野蛮生长的天然养分

1

有个姑娘大四实习的时候，在北京待过半年，宿舍离单位比较远。她经常在天没亮的时候，就在北京零下几度的空气里等公交车，刚洗的头发出门就结了冰。

后来，她进入法院，从一名普通的书记员做起。看着法官们的睿智，她梦想自己成为一名业务精湛的法官，辨法析理、定纷止争。

她说自己虽然没有让百姓“有栋宇之安，无饥寒之迫”的能耐，但是积跬步成千里。只要善待每一位当事人，审慎办理每一个案件，妥善解决每一起纠纷，她有信心成为一名合格的法官。

她从来不觉得心比天高是一件不好的事情，她始终相信

“天道酬勤”。

为什么很多人觉得越努力越不值，越看不到希望？那是因为，别人落棋不悔，心中早已有未来一万步的广阔天地。而你下了一步棋，却天天想着要不要悔棋。

2

曾看过一个故事。

一个女孩的朋友送给她一个蝴蝶的茧。

一天，蝴蝶的茧破了一个小口，她坐在桌子前，仔细地看着这个小生命费力地挣扎着。破茧的过程很辛苦，那个看不清形状的小生命折腾了好几个小时，但还是没有什么进展。又过了一会儿，它好像筋疲力尽了，于是停了下来。女孩于心不忍，决定帮它一把，把剩下的那部分剪开了一道口，小蝴蝶终于不用费力就出来了。

然而，它没有像她预料的那样展翅飞翔。它紧张地抖动着一对皱巴巴的翅膀，身体还像一个肿肿的小虫。它最终还是没能飞起来。它一直在她的桌子上，带着那对紫色的、萎缩的翅膀和一个肿胀的身体哆嗦着蠕动，直到死亡。

后来，从朋友那里得知，正是她的好心和性急断送了蝴蝶的生命。

因为，自然设计的每一步都有其存在的意义，蝴蝶只有经过破茧而出的辛苦挣扎，才能把身体里多余的水分挤到翅膀中，才能拥有轻盈的身体和丰盈的双翅。

没有痛苦洗礼的蝴蝶，永远不可能真正飞翔。

3

只有日复一日努力地坚持，你想要的，时间才会给你。

有个女孩，大学毕业后留在北京。工作了一段时间后，她决定辞职。当时她一边给人做英语家教，一边学习语言学研究生考试书目。

每天早上，她七八点起床去学校图书馆，晚上10点回房间睡觉。北京的冬天真的很冷，夜里从车站到房间十几分钟的路程让她痛苦不堪。有时她为了省钱，常常吃白菜豆腐，舍不得买保温杯，只好把塑料杯子放在暖气片上。

那半年多，她抄了好几本语言学笔记，做了那么多的卷子，不计其数……

后来她被录取了，原来上天不会轻易辜负我们的努力。

她说：“我终于相信，我们的现在都是由过去组成的，过去的每一个行为、每一次思考、每一段经历，造就了现在的你，没有过去的我，就不会有现在的我、现在的我们。我们为自己的人生准备、创造财富，但财富并不是最终的目的，只有丰富的人生才是我们的追求。当然，丰富的人生，需要我们去设计、去规划，幸福也不总是靠运气。”

4

宫崎骏的动漫《猫的报恩》里有句台词说，你不能等待别人来安排你的人生，自己想要的，自己去争取。

在硬骨鱼类的腹腔内，几乎都有鱼鳔。它有两个作用，一是产生浮力，使鱼在静止状态时，能够自由控制身体处在某一水层；二是能使鱼腹腔产生足够的空间，保护鱼的内脏，避免水压过大，使得内脏受损。

可有一种鱼却是异类，因为它没有鳔！它就是被誉为“海洋霸主”的鲨鱼。

是什么让鲨鱼离开了鳔仍然在水中活得游刃有余呢？科学家研究发现，因为鲨鱼没有鳔，一旦它停下来，身体就会下沉。所以鲨鱼只能依靠肌肉的运动，永不停息地在水中游弋，这使得鲨鱼保持了强健的体魄，练就了非凡的战斗力。

正因为鲨鱼没有鳔的天生缺陷，迫使它不停息地奋力游动，反而造就了它的强大。

我们每个人，都在追赶着生活的浪花，在自己的小船上奋力前行。

想要走上成功之路，还是必须依靠坚实的脚步。

5

每个人都有自己要走的路，谁都不比谁容易多少。

不要总是想着梦想在远方，而是要看当下最初的一小步，走了这一小步再走下一步，直抵达我们所要到的地方。这样的人生才不会有遗憾，一步一个脚印地慢慢走。

就像那段台词说的一样："等你们长大成人了就会明白，人生还有眼泪也冲刷不干净的巨大悲伤，还有难忘的痛苦让你们即使想哭也不能流泪，所以真正坚强的人，都是越想哭反而笑得越大声，怀揣着痛苦和悲伤，即使如此也要带上它们笑着前行。"

欲戴王冠，必承其重。

光鲜亮丽的背后，一定都有一段努力拼搏的过程。

不焦躁，不停留，不后悔。

坚持下去，你可以的。

那些愿意学习的人，最后都是什么样子

1

嫂子的弟弟，最初的学历并不高，就读于一所专科学校。但是上了大学之后，他突然对学习的物理专业产生了兴趣，于是升了本科，然后又考了研究生，最后又考了博士。出国留学了几年，后来回到国内，拥有了一份特别好的工作，也为国家的物理领域不断地做出自己的贡献。

他说：“年纪小的时候觉得读书没用，后来读书越多，越想要在自己所处的领域里做到极致，想要发挥自己生命的最大的作用。”

大学那个阶段，他很少熬夜玩手机、玩游戏，以减少外部因素对自己的干扰。大部分时候，他都在静下心来研读物理专业书籍。他专注于对自己而言很重要的事情，边读边思

考，边和导师一起实验，尽量不被一些无关紧要的事情分散注意力。

其实对于每个人来说，专注地做一件事情，会收到意想不到的效果。

真正厉害的人，知道如何从平凡通往自己的梦想之路。或许就是，找到自己想专注投入的最感兴趣和最擅长的事情，并且全力以赴。

《刻意练习》告诉我们，不要被天赋禁锢，我们可以创造自己的天赋，而10000个小时专注的刻意练习，其实就是一种每天累积下来的一点点的努力。

每天努力一点点，就能够进步多一点。而生活中的大多数人，总是差在了这“一点点”上。

万丈高楼不是一天立起来的，但倾倒却可以是一瞬间的事情。别小看那些坚持，一点点积累，谁也没法阻挡成功的步伐。

我们的人生就是一场不断学习的过程。

网上曾经流传过一份面向60岁以上老年人的调查报告：此生你最后悔的一件事是什么？有75%的人为年轻时不够努力，导致一事无成而后悔。

有人说：“比我优秀的人比我努力十倍，那我努力还有什么用？”马拉松比赛里输的永远不是跑得慢的人，而是中途放弃的人，因为当你停下的时候，你就离终点越来越远了。

不拼背景、不拼天分，就比谁年轻时工作更拼命。要知道，努力的实质是在给自己提升，它是提升一个人生存质量的最有效的办法。

所以，趁着我们的身体还没疲倦，趁着我们心里还燃烧着冲刺的火焰，去提升自己的记忆力和学习能力。

2

婷婷是个特别爱学习的小辣妈。

她说，你想让孩子变成什么样子，首先你自己就得变成那个样子。

婷婷的性格特别开朗，她是那种自带快乐气场，让你一聊天就觉得氛围特别好的人。

刚生完宝宝，婷婷就看了很多育儿的书，她对孩子的那份细腻，完全和之前大大咧咧的气质不符。

孩子3岁的时候，婷婷觉得光有她的育儿经验、光结合书本还不是很有效，于是专门去学了育儿讲师的课程。她要把她对生活的那份热爱和执着，都用自己的力量给大家传递出来。

在讲师培训的那段时间里，婷婷真的是付出了很多时间和精力，有时候甚至凌晨3点都在学习。

别人都对她说："都是孩子的妈了，还这么拼干吗？"

她说："即使是孩子的妈，我的人生也要过成我想要的样子呀！"

在不断地学习之下，如今的婷婷，举手投足间的气质特别好，总是给人一种亲和力。

她说："生活越是一地鸡毛，越是需要我们用自己的方式去面对它，那就是不断地学习。"

学习新的事物，会觉得自己好奇心又回来了。当你看到自己一点点进步，会有一种和崭新的自己相遇的心情。

一个人从什么时候开始变老的？

大概就是从不再愿意接受新事物，不再有学习的好奇心开始的。

3

有人说："其实，每个人的心中都有一匹欲望的野马。你可以去放养它，也可以去圈养它、驯养它。但是不要假装它不存在，排斥它。我们每个人都应该自由骄傲地活出个生机勃勃的生命。”

法国科学家法伯曾做过一个著名的“毛毛虫”试验。

法伯把若干个毛毛虫放在一个花盆的边缘上，首尾相接地围成一圈。他又在花盆周围不到15厘米的地方撒了一些毛毛虫最爱吃的松针。毛毛虫一个跟一个地绕着花盆一圈又一圈地爬。一小时过去了，一天过去了，毛毛虫还是不停地转圈圈，最终精疲力竭而死。

法伯的实验笔记中写了这样一句话：在这么多毛毛虫中，其实只要有一只不再跟随前面的毛毛虫，便会避免死亡的命运。

有时候我们就像毛毛虫一样，必须做出困难的决定，开始一个自我更新的历程。

有时候我们必须把旧的思想、旧的习惯抛弃，才能获得重生，再次起飞。只要我们愿意改变旧的思维和习惯，学习新的技能，就能发挥我们的潜能，创造拥有无限可能的未来。

我们需要的，是自我改变的勇气和再生的决心。虽然改变很痛苦，但这是我们必须要做的事情，想要自己更成功，不是说说那么简单，而需要不断地努力。虽然过程可能会让你喘不过气，但那也是考验意志的时候。只要你能坚持住，你就能翱翔于天际，就能实现你的第二次生命。

当我们通过改变而获得新生后，我们才能更好地领略生命的意义。

4

很喜欢一句话：这个世界正在悄悄奖励那些爱学习的人。

不断学习的过程，就是我们不断接受新鲜事物的过程。

读书是一生的事，不是什么时候要用到了，我们才去学什么。

刘媛媛在《超级演说家》中，曾发表过这样一段演说："有些人出生就含着金钥匙，有些人出生连爹妈都没有，人生跟人生是没有可比性的，我们的人生是怎么样，完全决定于自己的感受。"

学习永远不会晚，只要你愿意改变现状。

感谢自己不放弃，才会拥有好运气

1

有个姑娘，为了改变自己贫穷的命运，留在了大城市打拼。

最穷的时候，看到别人吃一碗面都觉得羡慕，自己买了一袋挂面和一袋榨菜。

为了省钱，每天清水煮挂面，稍微再吃一点榨菜。她租住的小隔间空间小、环境差，偶尔还有老鼠乱窜。隔音更是差到不敢高声说话。

朋友们都劝她别那么拼了，可是她就是这么倔强。

她自己找了一份工作——在一家商场做销售，虽然工资很少，但是她咬牙坚持了下来。每一次很想放弃的时候，她都告诉自己，再难，也要挺过来。

每天都会遇到很多外国顾客，她觉得自己需要不断充实。

只有高中文化水平的她，开始自学英语。

那段日子她随时都带着便笺，随时随地做记录。

只要有机会就向同事请教，听到单词就问别人是什么意思、怎么写的。

就这样，第一年，她学会了一些简单的口语。

她没有放弃，每天下班回去，她开始背诵单词，掌握更多英文的学习方法，每天都坚持到凌晨1点。经过2年多的自学，她现在已经能和外国人进行日常的交流，清晰流利的口语也为她带来了更好的工作机会。

她从小职员晋升为部门管理者，薪资待遇慢慢提高，吃穿用度自然也宽裕了很多。她说，如果当初不给自己一点压力，可能永远要待在那个小村子里，到了年龄就结婚，过着相夫教子、没有追求的一生。正是因为有一颗要改变自己的坚定的心，她才走了出来。

其实她并不比别人聪明多少，只是她懂得坚持，用超出常人的付出和努力，为自己赢得改变命运的可能。

她说，如今看到越来越好的自己，突然想对曾经的自己说，谢谢你的不放弃，才让我拥有了现在的好运气。

2

上学时最常听到的一句话就是，屡战屡胜不一定是强者，屡败屡战才是真正的强者。

“自反而缩，虽千万人吾往矣。”《孟子》中这句话的意思是：反躬自问，正义确实在我手里，就算对方有千军万马，我也要勇往直前！

内心的强大，在于自己的所作所为都符合道义、光明磊落，自然无所畏惧。

王阳明临终遗言：“此心光明，亦复何言！”在死亡面前也能坦然处之，靠的就是内心的光明、内心的强大。

有人说：“当你经历过大风大浪，未来的人生也就不会再怕所谓的小忧小恼。即使没有铜牙铁齿，没有铠甲武器，也能从暗地里重建光明。有过同样经历的人会知道，当生活突然给你当头一棒，你可能根本来不及反应、抱怨、诉苦，你唯一能做的，就是跟命运一搏。只要你不服输，谁也打不垮你。”

3

我在知乎曾看到一个故事。

有一个姑娘，因为梦想去了德国，即使当时的她一无所有。

为了省钱，她租住的小阁楼得猫着腰走，一米六的朋友去看她，都站不直。

什么便宜吃什么，一天预算是一欧。

衣服更别提了，逛的是跳蚤市场，一欧一件毛衣，两欧一件大衣，三欧一双皮鞋……

很多同学都嘲笑她，那么穷还出国，过得这么苦逼，还真是爱慕虚荣。

然而，她就是有这么一种能力，能把这些声音都过滤掉，任凭周围人嘲笑，依旧我行我素，不是在学校，就是在图书馆。有人问，你见过凌晨4点的太阳吗？这个姑娘起床的时候，还没有太阳。

就这么死磕了3年，她以优秀毕业生的身份毕业，毕竟这个头衔，在全校只有7个名额。她顺利签约工作，一年到手几百万。

原来，内心强大的人，根本不在意别人说什么，只肯努力把力气用在自己的未来上，这就是一种了不起的能力。

她拿到了德国的永居，买了房子和车子，摇身一变，漂亮又时尚，优雅地打了一众曾嘲笑她的人的脸。

内心强大，这是一种动力。人生要的是正能量。我们要拼，即使我们失败了，那么我们起码敢说尽力了，无悔了。我们可能会受到别人的白眼与嘲笑，但那不是我们沮丧的理由。我们应该给他们一个微笑，感谢他们。因为是他们，给了我们一颗坚强的心。

学会自律，这是一种韧劲。我们一生就像弹簧一样，要有韧劲，要能屈能伸，否则受伤的只是我们自己。弹簧不是软弱，只是选择另一种生活的方式。有些事，我们换一个角度去看，其实并不是那么难。

内心强大，更是一种自信。我们活着，要的就是自信，而不是自负与自卑。自信会让我们敢打敢拼，因为我们不比谁强多少，也不比谁差多少。人与人，本质来说，差的只是努力而已。世上没有做不到的事，只有不为理想付出努力的人。

时光面前，我们一直在路上，永不退缩。

4

或许我们每个人都曾有过这样一段奋斗的时光，感觉像是一个人在和全世界战斗。可最后，当你坚持下来，终于熬到了终点，见到了自己最好的样子。

你会明白，内心强大了，怎么走都会是上坡路。

当你比其他人多出几分努力，每天让自己进步一点就很好。

有句话是这样说的：所谓勇敢，大概就是无论输赢，你都勇于尝试，并且一直坚持。

努力过后，生活最后到底会不会如我们所想，谁也不知道，但是如果不努力，没有强大的内心，很容易被一些小事击倒。

命运真的不会辜负每一个用力奔跑的人，你越强大，就会越幸运。

永不放弃，是对平凡生活最好的赞赏

1

学舞蹈专业的可儿和男朋友在大学里是最让人羡慕的一对。可儿漂亮，身材好，男友又高又帅，两个人都很优秀，每次都是学校各类活动的主持人。

可儿以为，她和他的爱情一定会走到最后，可是在毕业之后，男朋友选择出国，向可儿提出了分手。

无数次想象自己成为他的新娘的画面，在那一句分手之后都变成了泡沫。

分手之后，可儿开始暴饮暴食，拒绝朋友的一切邀请，短短几个月的时间，就从原来的90斤胖到150斤，她觉得自己做什么都不快乐。

参加工作之后，她依旧很消沉，每天吃大量垃圾食品，得过且过，不思进取。只有在睡梦中她才觉得自己是真实存在的。

庸庸碌碌地活着，像是在自我催眠。

那时候的可儿真的变成了一个油腻的姑娘，别人都不喜欢她，她自己也不喜欢自己。

有一次，公司组织郊游，她因为买一个煎饼果子耽误了几分钟，等她赶到公司的时候，同事乘坐的大巴车已经开动了，并没有等她。她在大巴车后面拼命喊："师傅，等等我……"

那一刻，可儿觉得自己狼狈极了，那个场景就像是猪八戒在喊自己的师父一样。原来在生活中，根本就没有人在意她。

那天晚上，她失眠了，看着窗外的星星，对这个世界充满了失望。

直到有一天见到了前男友，当人家光鲜亮丽地和女友站在自己面前时，她觉得让自己的世界变得灰暗的其实不是前男友，而是那个自暴自弃的自己。

2

可儿开始让自己忙碌起来，工作之余开始学习，不断充实自己。

她努力健身，努力和朋友们一起畅聊，用心去过每一天。

可儿明白：或许我们这样唱一千遍一万遍，生活也不会立刻变成我们想要的样子，也可能永远都不会成为我们想要的样子，不过在那一刻，好像真的能听到自己心里的那个声音。

可儿没想到，改变心态之后，好像一切都变了样子，她开始相信自己会越来越好。

或许我们不会因为另一个人让自己变得更好，但是也不能因为一个人让自己变得更糟。

生活是自己的，当我们认可自己的那一刻，就会感觉到更多的宁静和喜悦。

可儿庆幸自己清醒得不算太晚。其实生活本身没有任何变化，变化的是自己的内心。

她终于敞开了心扉，去感受这个世界的温柔。

后来，可儿有了自己的舞蹈工作室，她也用心保持自己的身材，变得越来越美。

跳舞的时候，她觉得自己的生命真正鲜活起来。

如今她喜欢更加努力的自己，喜欢生活中朴实的烟火气息，就像是经历过一场寒冬，终于迎来了属于自己的春暖花开。

3

澳大利亚演说家尼克·胡哲用改变缔造了自己的新生。他天生没有四肢，只有左侧臀部以下的位置有一个带着两个脚趾头的“小脚”。因身体残疾，他饱受同学的嘲笑和欺凌。10岁时，他曾试图自杀，了结生命。

后来父母告诉他：如果不尝试，你永远不知道你能成就什么。

之后，胡哲凭毅力读完大学，并取得会计及财务规划双学士学位。

19岁那年，胡哲第一次向学校推销自己的演讲。被拒绝52次之后，他获得了一个5分钟的演讲机会，从此开始他不凡的演讲生涯。

胡哲在演讲会上说：“我是命运的弃儿，别人眼中的废物，但我仍怀抱希望，追逐人生的精彩。就算我天生没有四肢，也不代表我就一定会失败。我能踢足球、跳水、玩滑板、骑马、跳绳，甚至玩帆船，虽然我没有四肢，但幸好我还有‘脚趾头’，它能写字，1分钟打43个字，它还能打鼓……”

如果我们不放弃自己，就没有谁能让我们放弃。

千难万险的路上，我们都曾以为自己孤身一人。但其实强烈的阳光下衬着的，是一样的不曾放弃前行的心。

4

很喜欢那句台词：

就算八九不离十的人生中，有时候也会出现一些闪闪发亮的东西。每当那时，别错过它们，要好好收集在自己的星星口袋里，只有那样，以后难过的时候，疲惫的时候，就能一颗一颗掏出那些星星，熬过那些时间了。

每个人都是自己生命中的主角，心底里都会有无数条路通向更加成熟的那个自己。

无论哪一种选择，或者哪一条岔路，我们都要勇敢前行。

路在你脚下，要不要走下去，完全由你自己决定。

我们努力的意义，不仅是为了三餐温饱，更多的是为了让自己在以后的岁月里，活成自己喜欢的样子。

我们之所以努力，是希望人生在世，有更多自由。只要不放弃，生活会给你无限种可能。

不断成长，为别人鼓掌的同时，也要为自己鼓掌。

永不放弃，才是对平凡生活最好的赞赏。

Chapter 4

懂分寸，距离产生美

你的界限感，TA的安全感

1

果果和一个学长认识多年，上学时两人偶尔约饭，毕业后学长还经常来她工作的城市看她。有一次赶上她搬家，学长也不含糊，帮她跑前跑后，全程护送到新居。

那会儿果果刚参加工作，学长总是在她加班的时候去接她，怕她遇到坏人，有时候亲自做饭菜送给她吃。果果等待着学长的表白，可是学长平常只是说一些模棱两可的话，果果也不好主动，怕自己是老孔雀开屏。

几次三番，一晃好多年过去了，两人还是“友情以上，恋人未满”的状态。

学长还是时不时来看果果。说是看她，还有一些工作，果果也不确定自己和工作哪个是顺便。

学长说约在哪儿见面，果果说就在自己住的附近吧。两个人在一个很温馨的餐厅里吃饭，那天回去的路上，学长终于鼓起勇气用胳膊揽住她，那一瞬间，果果觉得自己真的很幸福。

果果和学长在一起的第二天，学长就把自己的各种社交软件上的个人状态换成了恋爱中，就连不经常用的QQ签名都换成了：我是果果的保护神。头像也立刻换成了和果果的情侣头像，还把果果设成特别关注，微博上艾特果果，对她表白，好像非得弄到全世界都知道他和果果在一起了他才达到目的。

果果说这些事在她看来就像在别人眼中很幼稚的事情，但是却让她安心，学长用他的长久的体贴，用心地去赢得了一份爱情。

他们牵手的时候不用担心突然遇到熟人而立刻把对方的手甩开，然后装作是不经意的巧遇。也不用在被别人逼问是否谈恋爱时遮遮掩掩，到嘴边的“是的，我谈恋爱了”又被逼着强咽下去。他俩可以毫无顾忌地手牵手走在一起，生病的时候可以很自然地叫他帮自己买药；可以一起去看喜欢的电影，一起去健身。

果果说：“幸亏他当时把和我恋爱的消息告诉了所有人，不然的话有多少姑娘想要和他暧昧啊。”

2

姗姗遇到了自己喜欢的人，虽然喜欢，但是她拒绝主动倒贴，她更喜欢细水长流的感情。

那个男孩很帅，身边有很多姑娘都喜欢他。

有些姑娘刚认识不超过5天就开始各种暗示，让男孩没有了继续相处下去的感觉。

珊珊不同，她会在和男孩联系的时候保持最真实和独立的自我。她和男孩一起去爬山、攀岩、蹦极，一起做自己喜欢的事情，干任何事情都很周到却不失独立。

这种人格魅力反而让男孩觉得和她在一起特别轻松。

就像《遇见未知的自己》中说的：亲爱的，外面没有别人，只有你自己。

和一个依赖性强、作天作地、时刻查岗的女人或者一个有强烈控制欲、占有欲的男人在一起大部分的结局都不会很幸福。

这两类人有个共同点，就是自身不够独立。不努力完善自己，却把关注点放在对方身上，想把对方变成自己的附属品，总是想按照自己的想法去改变对方。

其实无论男人女人，只有成熟的心智和独立的人格，才能让你拥有更好的关系。

人格独立的人，除了爱情，还有自己的事业和圈子、自己的爱好。如果你独立，你会有强大的生存能力，你也会在独处的时候经营好自己，会让独处的时间充实自己的生活。不管多么爱对方，也不会放弃完善自己，不会因为对方而牺牲自己的喜好、自我成长。

自身的独立，也等同于给对方空间。当彼此有了更多的空间的时候，反而会相处得更加融洽。

你会对他人更宽容，因为改变自己比改变别人容易多了。

你们相处起来也会更轻松。

3

《蔷薇岛屿》里说：“最好的爱情是两个人彼此做个伴。不要束缚，不要缠绕，不要占有，不要渴望从对方身上挖掘到意义，那是注定要落空的事情。而应该是，我们两个人，并排站在一起，看看这个落寞的人间。”

彼此有空间，才能更好地各自成长。

好的爱情不是暧昧，不是刚认识两天就你侬我侬，小小的争吵就立马翻脸，更像是一场动人的电影，情深义重才是爱情最好的定义。

有个朋友刚刚离婚，离婚前所有人都觉得他们的婚姻很幸福，男才女貌，对待双方的长辈都有礼貌。很多人都羡慕他们的婚姻，可是朋友说：“我之前遇到那么多好的人，最后却选择了他，那几年我真的是瞎了眼。”

原来，男人虽然和她结了婚，可是却保持着和很多女人的暧昧关系，朋友无意间在他的手机上发现了这个秘密。之前对自己承诺的这个人，还给了好几个人同样的承诺。

他之所以愿意对每一个女人面面俱到，是因为他把自己当大众情人，他想用温暖的方式来建立与所有女人之间的暧昧关系，并且对于这种关系乐在其中。

4

爱情里，所有人都有一种责任感和敬畏心。不是用手机扫一扫就能扫到纯粹的爱情，也不是刚见两次面就去开房就是真正的爱情。

如果连认识一个人都这么敷衍的话，那就更不要提天长地久的爱情。

真正爱一个人，就不要和其他人暧昧。

真正的责任感就是周到体贴，并且让人安心。

在这个浮躁的社会，爱情不是快餐。你怎么愿意把自己的一生交给一个错的人，然后将错就错呢？婚姻怎么可能是嫁给谁都一样呢？

结婚不是一场酒席，在哪里办都一样，婚姻是一天又一天的日子。上学的时候我们就知道，解题思路错了，最后怎么会做对？

远离那些只懂暧昧的人，找到真正的属于我们自己的暖男，而不是对所有人都暖的中央空调。

宁愿单身一辈子，不要匆忙嫁错人

1

之前看到一则新闻，一个女子34岁硕士毕业，还是个摄影师，父母也都是知识分子。可当她去相亲角相亲时，遭受到的都是嘲讽：

“硕士学位没有用，女子无才便是德。”

“你这种情况，相当难配。”

还有一位中年男子将她比作郊区的一个漂亮房子：“在这里，男人就是银行卡，你有钱，就可以买房子，所以女人就是房产。你看她，长得还行，又没结过婚，这个房型还可以。但是她年纪大了，所以她这个房子在郊区。”

我身边也有硕士单身的大龄女孩，但是她们却不急着相亲，并不是她们长得多美、条件多好，而是她们知道，一定会找到对的爱情。

实在找不到合适的，她们也不会找一个差不多的将就，不会因为年龄，就让自己的婚姻变成别人眼里的合适，而是要找到真正合适的人。

因为她们知道，就算最后将就在一起，两个人步入婚姻，那样的婚姻也会让人受尽折磨。

有些人认为结婚就是两个人搭伙过日子，和谁都差不多，结果婚后才发现：没有爱的婚姻是把你束缚在琐碎的牢笼中。

很多姑娘到了年龄就急匆匆嫁人，害怕自己成为大龄剩女。结婚后，不爱都得将就，害怕成为别人眼中的是非题。

2

在生活当中，很多在工作上的拼命女三郎，经常会听到这样的疑问：“你干吗那么拼，工作多累呀，找个好人家嫁了算了，女孩子干得再好，也不如嫁得好呀。”

龙洋说：“就像每一次我们怀着特别虔诚的心把自己打扮得特漂亮去相亲，然后总会碰到一拨奇葩，上来一个男的就开始玩深沉，‘你知道我为什么不会飞吗？’她想了一下，‘因为你不是鸟啊’。他摇摇头，‘NO，因为这个社会折断了我的翅膀’。好不容易碰到一个说话还挺正常的，他开始跟她聊165以下的不要，一本以下的不要，外省的不要，她一听，觉得自己挺符合条件的，然后他说生女儿的不要。龙洋要抓狂，生女儿是我们女人能决定的吗？你不觉得是你自个儿能力方面的问题吗？”

有些男人总是觉得女人就是物质的，只要他给不起的他就认定女人爱的不是他的人，是别人的钱。

有个女孩去相亲。男孩一见面就说：“如果我们家买房子，你们家就得负责装修。”

女孩觉得我跟你第一次见面，你就提出这么远的话题，实在是没有爱情可言。

还有个男孩对快要跟自己结婚的女朋友说：“现在都讲究男女平等，婚后我们还是有必要AA制，而且你妈是你妈，我妈是我妈，不要指望我对你妈太热情。”

听到那样的话时，女孩当场决定分手。

一个连婚后生活都要分得那么清的人，干吗还要嫁给你。

3

有个姐姐离婚后对我说，结婚后，才知道真正想要什么。

我问为什么，她说因为生活跟她本来想象中的不一样，而且觉得，遇到一个对的人真的很难很难，不是有型、有房、有车、有存款就是人生赢家。

我问她：那你跟你前夫说过你理想的婚姻吗？

她说刚说个开头，就被他笑了，他总说她太理想化，都多大的人了，还沉浸在童话中无法自拔，所以以后她就只剩沉默。

我继续问：你理想中的婚姻到底是什么样子的？

她沉默了一会儿：就是，可以彼此懂得对方的心。

最后她说：我想要的其实很简单，清晨的拥抱，简单温馨的一日三餐，偶尔会有些小浪漫和惊喜，假日的时候可以去看电影或是出去走走。

其实她的要求一点儿都不过分，可是，她的前夫不愿意配合她。他喜欢睡懒觉、看电视、玩游戏，认为她所说的浪漫都是在浪费时间。

他们就为了这些琐事吵了很多次，最终分手。

刚开始嫁给他的时候，他总会给她买很多东西，需要的不需要的，毫不吝啬金钱，她觉得真的很幸福，可是慢慢地，她觉得除了她想购物的时候拿着卡随便刷之外，没有更多的温暖，原来，钱真的买不到爱的感觉。

后来，他们的距离越来越远，婚姻成了他们的牢笼。

有人说："我们不是为了一句'我爱你'而结婚的，我们结婚，是因为我们想要跟另一个人在一起生活，一直创造生活，一起去享受幸福。现代人的婚姻，不是三餐一宿那么简单，工作后回到家，我们需要舒适、安全、温暖的小世界，而不是挑剔、推脱、不在意，这些东西，毁掉婚姻之余，还会毁掉你对婚姻的信心。"

4

我们为了成长苦恼，为了工作苦恼，为了分离苦恼，为了工作的利益得失算计个没完；我们买一件衣服都要从质地到价钱琢磨个遍。可是，有时候跟一个人在一起，我们却常常很快地做了决定。

我们在到了一定年龄后总会被灌输这样的想法：这是感情的事，感情不能太认真，要有爱，条件差不多就行了，以后他会变好的，他心里没有的东西，婚后可以培养。如果错过，就再遇不到这样合适的了。

一开始我们就放弃了我们最初坚持的，我们把爱情妥协给了时间。

哪怕在相处中不是特别合适，也觉得这就是为了爱，觉得这是婚姻中应该做出的牺牲。

其实真的不是。

耐心一点，擦亮眼睛，与其等到日后反复地生气、纠结，不如提前就告诉他自己到底想要什么样的生活方式，如果对方和自己有默契，那么结婚真的是一个不错的选择。

理想的婚姻是将独立的两个人变成一个不可分割的整体，分担彼此的重担，共同对面生活中的一切困难。

很多人觉得只要迈入婚姻，好像就完成了父母的心愿，一辈子就算交代了，安稳了。

殊不知，其实迈入婚姻殿堂，只不过是漫长一生的开始……

所以，一定要慎重，选择一个正确的人，不要匆匆忙忙就把自己嫁了。

单身女青年，也可以体面又好看

1

“好久没见了，你结婚了吧？”

“还没呢。”

“那……一定是在谈恋爱咯，男朋友是什么样的人啊？一定是高富帅吧。”

“还没有男朋友呢。”

“是吗？你这么优秀怎么还没有男朋友呢？不要要求太高了。女人啊，越老就越贬值了，你可千万别到最后嫁不出去了啊。”

“……”

“你看那个×××，人家都有已经生二胎了。真的是干得好不如嫁得好，你说你啊，不要把所有精力都放在工作上，女强人没人疼，找个人好好爱自己才是正事。”

“我自己也可以好好爱自己啊！”

相信很多人都听过以上对话，尤其是对于大龄女青年来说。

不知道为什么，身边总是有这样的单身女青年，长得不错，性格不错，工作不错，总之就是各方面都很不错，然而很多人还是找不到男朋友。

“然而，我并不伤心。”

“或许是我自己太有意思，无须他人陪伴。”

虽然天天嚷着自己为何还没有男朋友，但其实这些有趣的姑娘一点也不孤单。对她们来说，这段自由洒脱、无拘无束的时光，才是最美好的阶段啊！

2

丫丫今年32岁了，工作之余，摄影、健身、旅行，一点儿也没有大龄剩女的焦虑。

丫丫喜欢单身的生活，自由自在，可以去体验自己想看的一切天地。她用相机记录了自己想要留住的每一个瞬间，在健身房挥汗如雨的那些时刻，都有一个声音在告诉她：只有变得更好，才能和自己心仪的白马王子相遇，如果自己每天都很糟糕，即使遇到了喜欢的人，对方也不会被自己吸引。

旅行的时候她会放空自己，用心体会旅途中的那些感动。

她会用心经营自己，即使脸上有了小细纹，笑起来也是特别美的样子。

她让人觉得，一个人真正的美并不会随着年龄而衰老，反而会变得越来越成熟优雅。

马薇薇说结婚前她怕过年，因为过年时亲朋好友、街坊邻居、七大姑八大姨云集，她这样一个单身、大龄、未婚、美貌女青年一定会成为饭桌上八卦的重要素材。

她说："一般来说对话是这样的。第一步，如果你年过25岁，大家就会问你结婚没有啊，你竟敢没结婚，马上进入第二步，有对象吗，呵呵，你还敢没对象，好吧，我们立马推进第三步，就是问你需不需要叔叔阿姨给你介绍一个，甭管你提出什么样的要求，饭桌上一定都有新鲜热辣的完美猛男供你挑选。好不容易混到结婚后，我觉得自己总该翻身农奴把歌唱了吧，结果我还是太天真了，这个时候人家会问你们，你们俩打算什么时候要小孩呀，如果你表示说我们暂时还不想考虑这个问题，那么好，接下来令夫妇的身体健康问题会成为本次饭局的主旋律，部分热情民众还会送上生子秘方，老中医出品，品质值得信赖。"

3

在一个论坛里看到一个姑娘的帖子，她说：“身为大龄女青年，我年轻时因为谈恋爱太晚，缺少经验，错过了一些美好的恋情，我一直是宁缺毋滥型，男生的经济再好，如果没有感觉，也吸引不到我。男生很穷，但是有感觉，我也会喜欢他。现在的我还是不会因为年龄的压力，而随便因为结婚而结婚。要买房我也买得起，要买车我也买得起，当然只是普通的房、车。所以我仅仅是想找爱情而已，我一直觉得女生经济独立了，就有资格选择自己想要爱的人。人生短短，选择互相喜欢的人，真的很重要。如果找不到，宁愿自己过。”

她是一个对自己要求非常严格的人，在工作上要求自己做得尽量完美，在生活上也要求自己尽量做到最好，如会做饭、打扫房间、洗衣服、孝顺父母等，在个人保养和穿着打扮上也严格要求自己，最起码保持干净清丽、赏心悦目，爱好上也会丰富自己，拍照、旅游，学习乐器、瑜伽，让自己的生活过得轻松开心、惬意优雅一直是她在努力追求的。

有人问她不担心老了一个人吗，她说只想用心过好每一天，如果现在选择一个因为结婚而结婚的人，人生才是最悲剧的，从现在开始就天天活在不开心的状态下，活着也就没有了意义。她会用最好的心态做最坏的打算。为了自己将来的真命天子，她会努力做到各方面都完美，让未来的老公很自豪、很幸福。

4

谁说单身女青年就要趁早嫁人。

谁说单身女青年就该像祥林嫂一样整天絮絮叨叨说自己嫁不出去。

单身女青年一样可以很美、很体面。买好看的衣服打扮自己，光看着也心生美好。搭配简单的配饰，干净整洁的衣着，如同淡香一样沁人心脾。随时经营好自己，那才是对他人最好的尊重。

生活需要自己去描绘，单身女青年期待爱情，但是也会耐心等待。有些爱情经过时间的考验，才会渐渐变得清晰温润，做最好的自己，才是最好的回归。

因为你是唯一的你，珍贵的你，善良的你，美丽的你，骄傲的你。

为什么别人家的老公不会让人失望

1

在一期节目中，我看到张歆艺讲述了她和袁弘相爱的经过。

那时候袁弘在录制一档节目，刚从军营里出来就直接到张歆艺家，还为她做了一大桌子菜，然后向她表白：在军营里最苦最累的时候，我的脑海里都是你。

从那天起，张歆艺被袁弘的表白感动了，她决定：“那就处呗。”

张歆艺还说，那天袁弘在她家沙发上睡了一宿，第二天一大早就起来参加发布会，还给她发了一条意味深长的微信：我今晚还来。

张歆艺和袁弘婚后很浪漫，去到各个国家旅行或工作，就会带一些对方从未吃过的食物放在冰箱里。

节目最后，张歆艺对袁弘喊话，对我好一点，然后我就争取给你生个娃。

很多人都调侃演员朱亚文："现在火了，结婚早了，后悔了吧？"

他回答说："嗯，是后悔了，后悔跟我老婆结婚晚了，我应该再早两年跟她结婚，那可能现在已经有老二、老三了。"

几年前，朱亚文和妻子因为合作电视剧《爱在苍茫大地》结缘，之后他就成了宠妻狂魔。

就像他说的那样："家庭这个东西太重要了，无论拍戏的生活是多么声色犬马，但其实只有家庭是真正属于你的，它太真实了，它太不可失去了。做沈佳妮心中的好丈夫，做孩子的好爸爸，比做好演员重要。"

2

多年前，特别喜欢听孙燕姿唱的那首《懂事》，总是对里面的歌词记忆犹新：

是我一直太懂事，让你自由地犯错，错到无法再让你留在我的世界。是我选择了懂事，而你的回应是放纵。我会冷静看着你，离开我的世界……

珊珊说，自己很少收到老公的礼物，甚至平常打电话都只是冷冷的一句话：今天晚点回去。

我说："那你平常出去应酬，老公会担心吗？"

她摇摇头："我哪有时间应酬，每天下班，家务都忙不过来。甚至连敷一个面膜的时间都没有。"

在如今中国的婚姻关系当中，保姆式妻子、丧偶式育儿、守寡式婚姻等现象比比皆是，有很多人为此迷茫、困惑，我们结婚到底为了什么？

电视剧《我的前半生》里靳东的答案是：因为人生艰难，需要一个人来同舟共济。

我身边有一位刚生完孩子的妈妈，她的性格要强，什么都想要做到最好。在生了孩子后，也依然如此。

从生了孩子还在坐月子的时候，她就亲力亲为去照顾孩子，不让老公洗尿布、不让老公夜晚看孩子，害怕老公太累。而自己只是简单地吃一口、冲澡、小睡一下。

她的眼睛每天黑的跟大熊猫似的，而老公每天却神采奕奕。

小孩稍微大一些的时候，她每天一下班又进入另一种“紧张状态”。不辞辛劳地给孩子讲故事、做辅食、上早教……

她总觉得老公一个大老爷们做家务过于粗心，照料孩子也照料得不精细，又觉得老公工作很辛苦，就老是忍不住推开老公自己动手，把压力又都堆在了自己身上。

如今，她4岁的女儿并不“领情”，反而经常在家大哭大闹、调皮叛逆，她每天都像个老妈子一样忙前忙后，而曾经心疼她日夜辛苦、忙个不停的丈夫，现在却只会口头喊几句，然后继续呼呼大睡。

3

为什么别人的老公没有让人失望过？因为你做了所有需要你老公应该去做的事情。

准确地说，因为你太过懂事，把所有事情都揽了过去，所以老公失去了他的作用，导致最后他只会说“别忙了”，却从来不会亲自过来做这件事情。为什么？

因为一个完全把自己牺牲掉的女人，对孩子和家庭反而是压力，也是导致婚姻不幸福的根源。

她害怕老公累，让他失去了做爸爸应该付的责任，长久下去，只会让丈夫无法学习正确的做法，也令他失去分担家务的动力。

她觉得丈夫只是在帮她的忙，却忘了夫妻二人本就是一个整体，这些事情也是丈夫的职责。她总是将丈夫推开，倒显得把他当外人了。

果然，没过3年，她就觉得身体吃不消，和老公的沟通也越来越少。

她觉得老公不爱她了，对婚姻失望极了。

她觉得自己明明付出了所有，最后换来的却是这种结果。内心的不满和失落情绪越来越越大，她开始和老公争吵，持续冷战。

最后老公也不愿意回到那个火药味十足的家里。

美国知名作家琼·安德森曾写过一本《好女人，翘家去》，倡议作为妈妈，女人一定要有自己的小假期。

哪怕只是从小的片刻开始，也需要暂停工作和家务，真正留点时间给自己。

因为，天生的母性、社会的期待，很容易让新手妈妈在进入这个角色后，不自觉地陷入一种“无我”模式。

妈妈们容易对孩子投入过度的、无止境的爱。而这样无论对妈妈、孩子，还是整个家庭，都是一件太过恐怖的事情。

4

有人说：“一个好的家庭关系，不是伴侣始终是个长不大的孩子，孩子永远是个嗷嗷待哺的孩子，而是每个人都能在这段关系中，既有所成长又相互成就。理想的婚姻，应当是两个不断成熟的个体，将夫妻共同打造成一个不可分割的整体，这才是婚姻的最大意义。”

所以在婚姻中，一定要让对方有存在感。

让对方感觉到自己的价值和对这个家庭的重要性。

如果只是一味迁就，独自无休止地付出，时间久了，你真的是在帮别人养老公。

好的婚姻一定是相互的。你爱我多一些，我理解你多一些。

当你爱我多一些，我也会多爱你一些。当你对我冷漠，我就会加倍冷漠。

整天邋里邋遢，围着老公孩子转，没有目标、没有自己的工作和社交，每天去的最多的地方就是菜市场，时间久了老公一定会审美疲劳。

干净精致，生完孩子后也会严格管理自己的身材，有自己的朋友圈和工作，容光焕发地去过每一天，正能量满满，老公也会觉得你散发出无与伦比的魅力。

不要以为把自己折磨成保姆，对方就会心存感恩，会爱你更多一些。

实际上，把自己活成女王，闪闪发光的你才会让他觉得你最珍贵。

不要再觉得别人的老公不会让人失望了。

先想想，你有没有让自己的老公失望过。

女人经济独立，划清财富界限

1

刘忆如在自己的书中写道：女人的战场不只在厨房，也不是在卧室，而是在你的私人银行。女人要有财力，才能活出属于自己的美丽！有了足够的经济能力，生命才会有活力！

蓓蓓出嫁了，嫁到了条件很不错的人家。和老公很是恩爱，老公待她也很体贴。婚后生了孩子，蓓蓓为了照顾孩子，辞去了工作，在家当起了全职太太。

开始，一切都很好，老公赚钱养家，一家人和睦又融洽。孩子断奶的时候，老公跟她提了一句：孩子大点了，你看看是不是可以找个工作上上班，我们可以雇个保姆。蓓蓓回一句：让保姆看孩子我不放心，何况咱们家也不缺我工作的那份钱。

从那以后，老公再也没提过让蓓蓓上班的事儿。

其实，在家带孩子并不比上班轻松，这其中的辛苦蓓蓓可以忍受，最要命的是老公对她的态度发生了变化。看到家里有一点不好，他就用责怪的口吻说："真不知道你整天在家干什么，地板那么脏也不知道拖干净。"

如果蓓蓓对老公说："你不知道带孩子有多累啊，我哪有时间拖地？"老公就会说："你天天在家闲着，人家都能把家里打理得干干净净，你怎么就不能呢？"

平时蓓蓓早上睡一会儿懒觉，老公就会冷着脸说："都几点了，怎么还不起床做早饭，难道还要我给你做好早饭再去上班吗？"从老公的语气中，蓓蓓丝毫感受不到老公对自己的尊重和疼爱。

拥有独立的经济是女性自我保障、获得安全感的重要物质前提。

在现实生活中，我们不否认男女之间的真爱，尤其是男女结婚之后，男人会倾尽所能地赚钱养家，照顾深爱的女人。可是，作为妻子，女人不应该只满足于在家务事中奉献青春年华，而应该有份工作，在工作中提升自己各方面的能力，这样才有资本去满足丈夫更高层次的需求。

时间久了，她觉得自己在家里一点地位都没有。在老公面前，甚至有点抬不起头来，想买件漂亮的衣服都没钱，还要放下尊严、厚着脸皮向老公“乞讨”，她觉得一点都不幸福。

2

电影《喜剧之王》里，周星驰的那一句“我养你啊”，不知道感动了多少人，不知道倾倒了多少无知少女的心，但她们不知道这背后付出的代价是什么。所有女人都曾有过这样一个幻想，我要嫁一个愿意养我、对我好的男人。

但电影就像所有童话故事一样，只会在结尾告诉你：最后王子和公主过上了幸福的生活，从不会说一起生活之后的问题和矛盾。男人可以真心提出我养你，但女人一定不要以为这就是一辈子生活的保障了。

在网上看到一则新闻，说是一全职二胎妈妈想趁假期和老公出去旅游，让婆婆帮忙照顾孩子。婆婆呛她“都当妈了心还收不住”，还和其老公轮番批评她自私、不负责任、不配当妈！该妈妈觉得委屈，写长文控诉，引网友围观。

在长文控诉中，该妈妈写道：“我有两个孩子，一个5

岁，一个2岁，两个都是我一手拉扯大的，虽然公公婆婆也在本地，但不曾帮过我半分，连孩子生病都是我一个人拉着两个孩子上医院的。

和老公结婚都有六七年了，结婚后我就辞职专心在家当起了全职妈妈，没有请保姆，是一个人拉扯大两个孩子的，老公工作很忙，也没能帮上什么忙。今年放长假，我老公也难得放几天假，所以我就想趁着这个机会出去走一走，让婆婆帮忙照顾一下孩子。”

结果，遭到婆婆的反对，连老公也站在婆婆那边，和婆婆一起斥责她，她觉得特别委屈。最后，她写道：“我现在也不知怎么是好，不管他们反对，一个人出门，还是苦哈哈地在家里带娃算了？”

或许因为她的软弱，她的老公和婆婆完全不把她当成一个完整独立的人来对待。

在她老公和婆婆眼中，她的职责就是在家照顾孩子。

太多的女人都在寻找一张“长期饭票”，认为自己的将来依附在一个男人身上就可以了。可是一个经济不独立的女人，根本没有对自己生活的话语权。

很多时候那句“我养你”最后都变成了“是我养你的”。

3

不管婚前婚后，女人一定要有自己的收入来源，经济方面一定要独立，这样才不会受制于人，才会有自己想要的生活。当我们伸手跟别人要的那刻，就注定了不可能成为一个独立的人。

首先有让自己经济独立的能力，才能去谈一个人真正的独立。

不要相信什么“婚前靠父母，婚后靠男人”，有这种想法的人是不可能独立的。

现在这个社会，我们都喊着女性要独立，女性地位要提高，我们要女权。可这一切都要建立在女人经济独立的基础上。

我们所提倡的观念独立、思想独立，是需要经济来支撑的。

前些日子，一个朋友的姐姐离婚了，丈夫在外面有了小三，朋友的姐姐很生气，当机立断离了婚。

很多亲朋好友都劝朋友的姐姐冷静一些，原谅丈夫回归家庭，毕竟自己过日子很辛苦。

可是她说：我可以自己赚钱，花自己的钱，过自己的生活，有没有他都不重要。

独立的女人这股劲最酷。

女人要经济独立，不只是为了追求享乐，也不是为了拥有名牌包包，而是要找回自己，不受男人牵制。

因为女人首先属于自己，然后才属于一个男人，属于一个家庭。

不独立的女人是很难得到尊重的。不要因为自己是个女人就不去奋斗，结婚后就在家做起家庭主妇，找对了老公还好，如果遇上不好的老公和刁钻的婆婆，伸手要点钱买东西就要忍受白眼和冷语，何必呢?

我们都在社会这个大环境中生存，要学会独立，自己挣钱自己花。经济是基础，女人只有经济上自立了，才能真正地人格独立。

4

我们要在婚姻中活成一道独立的风景线。

在婚后要有自己的工作。你不能因为结婚了，找了个好老公，就不去工作了。工作虽然辛苦，但是靠自己勤劳的双手赚的每一分钱，你花起来才舒坦自在，不必担心没钱花的时候，要找老公伸手要钱。那种“乞讨”的滋味真的很难受。

不要总是轻视自己，觉得自己是弱势群体。

聪明的女性在婚姻中可以自尊自爱，自立自强。当想要出去旅行的时候，你随时可以去旅行，不必看别人的脸色。

独立的女人要不断地充实自己，不断提升。

无论是在工作上还是在生活中，都要注意提升自己，做一个有追求的女人。

女人应该追随爱人的脚步，但绝不是盲目地听从，有漂亮的思想，才有漂亮的人生。

独立的思想，是除爱情之外，能够使你双脚坚强站在大地上的东西。

有独立思想的女人不会人云亦云，因循守旧，而是敢爱敢恨，坚强又理性，对家庭、工作和生活有自己的看法。

女人的面容会因岁月的侵蚀而日益苍老，但独立的精神则会因为时间的沉淀而闪闪发光。

“以爱之名”：你爱的人不应该是你的伤

真正爱你的人，一定不舍得伤你。

1

看到一则新闻：一对男女在民政局婚姻登记处打架。领证前女子表示再考虑一下，不知为何便吵了两句，女子被男子撂倒在地，工作人员纷纷上前拦架。

随后，网上流传出这对男女领取了结婚证的信息，并晒出拿着结婚证的照片。从表情来看，似乎没有受到打架的影响。

有记者致电民政局婚姻登记处，工作人员称确有其事：“两人在广东打工，认识了两个月，来了后女方说再考虑一下，也不知道为什么两个人吵了几句，不到1分钟的时间。

两个人还是那种孩子脾气吧，开句玩笑，男方说‘遇上你这样的’，男方就让她难堪一点。下午他们又高高兴兴来登记了。”

看到这样的新闻总是会觉得啼笑皆非。

真正爱你的人不会让你受一点伤。

女孩出差回来，本来想提前回到家给男朋友一个惊喜，却发现房间里除了男朋友还有另外一个女孩。

从发现男友出轨到收拾行李分手离开，只用了4小时。那个女孩用行动证明，什么叫“教科书级别的分手”。

其实，明眼人都知道，她不是没有委屈，只是想体面地和这场爱情做一个告别。

只有体面地分手，才不辜负曾经相爱一场。

村上春树曾说，如若相爱，便携手到老；如若错过，便护他安好。体面分手才是对彼此最大的尊重，而保有尊重，才不枉相爱一场。

2

很喜欢的作者端木婉清，有个读者深夜给她留言，他说一个人喝了很多酒，很想给前任女朋友打电话，告诉她，他最爱的人还是她。

但是他不敢，几次打开微信界面，写了一堆忏悔，发出去的刹那，又一字不留地删除了。

一串阿拉伯数字按了又删，始终没有勇气一键呼出，那是曾经最为频繁的操作啊，如今像拎着一把巨重的铁锤。

人心啊，有时候连自己都觉得可笑！

怕早已被加入了黑名单，怕接听了无言，毕竟现在的他以什么身份去问候呢？

他说："婉清，我该怎么去挽回呢？"

婉清问他："既然爱，曾经为何分手？"

他说："一时鬼迷心窍，劈腿了另一个女孩，对她造成了伤害。

"事情发生后，她就收拾行李走了，曾经爱闹的她，那一天一句话也没有，我才知道我是真的伤了她的心。

"原本以为我不爱她了，分开是最好的方式，那样才能让她找到幸福，放过自己。

"可是后来我错了，分开后，过得不好的那个人是我，放不过自己的也是我，想念曾经最深的人还是我。

"我不爱现任，我爱我的前女友，可是我和她之间该怎么开口，让爱重来？"

婉清听着他的后悔、他的无奈，告诉他："很多时候，是自己太作了，你伤害别人的时候，有想过今天会后悔吗？"

婉清说："多少爱还能重头来过？如果爱请深爱，如果不爱请尽早离开，离开了就不要再回来。没有人会陪你重蹈覆辙，再爱也不会回头了。不管男女，我爱你可以低到尘埃去，我不爱你也可以洒脱地挥手，毕竟人心都是肉长的，又不是金刚做的机器，可以任由你来去践踏几次。"

果真，没过几天，那位读者就告诉她：挽回过了，可是人家早就风淡云清了，还说谢谢他，给了她一次获得真正幸福的机会。

3

身边的一个朋友，在谈恋爱的时候，男孩对她特别好，哪怕她去外地出差，男孩也会不远千里出现在她面前，给她一个惊喜。

每天她上班时，男孩都会早早地在楼下开车等她，然后送她去上班。

两个人去外地拍结婚照的时候，男孩一路上都对她照顾有加，她回来感动地对我说："真的是每一个细节都让人心里暖暖的。自己真的遇到了对的人，庆幸没有错过。”

结婚怀孕后，老公对她也照顾得特别周到，每天帮她泡脚，陪她散步。

她就像是一个幸福的小女人一样，每一个表情都是甜蜜的样子。

可是等孩子出生后，因为婆媳关系不是很好，老公也一天天变得冷漠。

他对她不再像之前那样嘘寒问暖，而总是以一副嘲讽的语气和她说话。

大吵了几次之后，两个人开始冷战。

不再说话，不再关心，有的只是冷眼。

朋友和我吃饭的时候大哭，她说：“我本来以为我真的遇到幸福，可是这个幸福也有些太短暂了，我不知道是我们谁的错，好像都有错，好像都太过自私。”

就这样持续了一年，那些深爱的回忆都变成了刀子刺入心脏，想起来的时候都会心疼，两个人依旧在一个屋檐下，但是早已失去了当年的温度。如今，朋友说，为了孩子，就这样凑合过吧，爱与不爱都不重要了。

其实听到她这样说的时候，特别心酸。我们原本设想的幸福不是这样的啊，可是在彼此伤害之后，就只剩下沉默。

4

我们爱的人，不该是我们的伤。

有人说，时间总会让那些伤痛都愈合。

可是被爱的人伤害，不是时间能够轻易抹平的。

有个男人喝多了和朋友说：“现在我全款买了房子，今年下半年接了四个盘的全案策划，身边开始有小女生找我喝茶聊天，体重从150减到120，人鱼线初现端倪，但是下个月她就结婚了，没请我，我谢谢她没请我。”然后他一个人难过地坐在马路边上唱歌。

有些感情不是打一个巴掌再给一个蜜枣就能扯平的，不要让那些深爱成为我们心底最深的伤。

爱情的伟大之处，是两个陌生的人，能够到达心灵上的统一，然后，一起白头到老。

爱其实是生命的一种外延。当让另一个人和自己分享生命的时候，就是最美的爱情了吧，爱情不只是热吻、拥抱、浪漫，而是一种搀扶，一种倾诉，一种陪伴，一种共同的时光。

我们在各自的生命路上行走。

而感情，将两条陌路联系在一起，以一种脆弱却坚韧的方式。然后，一起度过余生。

我们总是在不断地离别，又不断地相遇，以不同的心情。我们会有失去，但是也会有得到。找寻到那个你深爱的，并且也深爱着你的人是多么的不容易。所以，和相爱的人一起分享时间，便是最大的幸福。

如果爱，请深爱。

“婆婆不是妈”，与伴侣父母相处，尤要注意分寸感

1

一位外国总统问一位活了104岁的老奶奶长寿的秘诀时，老奶奶回答说，一是要幽默，二是学会感谢。

老奶奶从25岁结婚起，每天说得最多的两个字就是“谢谢”。她感谢丈夫、感谢父母、感谢儿女、感谢邻居、感谢大自然给予她的种种关怀和体贴，感谢每一个祥和、温暖、快乐的日子。

别人每对她说一句亲切的话语，每为她做一件平凡的小事，每送她一张问候的笑脸，她都忘不了说声“谢谢”。80年过去了，是“谢谢”二字使老奶奶快乐长大，使老奶奶幸福长久。

在日本有一位年轻的临终关怀医生，他叫作天津秀一。在亲眼看到、亲耳听到1000多个患者的临终遗憾之后，他总结了人们在临终之前会后悔的25件事。在这25件事中排在第一位的是很多人来不及去做自己想做的事，排在最后一位的让我印象深刻，他说许多人没有来得及和自己最亲爱的人说一声谢谢，说一声我爱你，尤其是对父母。

每一个人都要有一颗感恩的心，学会感恩，才能更好地爱这个世界。

2

19岁的窦靖童接受采访，被问到如何看待妈妈王菲和谢霆锋的感情。

这孩子淡定应答："我尊重妈妈的选择，她开心就好。"

又被问到会不会对父亲窦唯失望。因为2015年，有人在地铁里发现他发了福、秃了顶，往日英俊倜傥的形象全无。

窦靖童依然笑着回应："我觉得挺好的，只要他开心就好。"

据说看到这个访问的人，不再只是觉得王菲是个好妈妈，而是羡慕她生了个好女儿！

羡慕归羡慕，如果你的父母也像王菲一样敢爱敢恨，结婚、离婚再恋爱，你会像窦靖童一样，选择尊重他们的个人选择，觉得只要父母开心就好吗？

这是个容易听懂，但不太可能做对的问题。

父母要尊重孩子，但是当孩子长大，有了独立思考和行事能力时，是否也要尊重父母？

父母是铸造我们生命的模子，父母也是儿时我们照自己的一面镜子，只有我们更爱并且尊重父母，我们才有可能感受到更多爱的力量。

其实，在我们内心深处，我们永远对父母双方忠诚，“我永远是你们的孩子”。对于给我们生命的父母，我们心底自然流动的只会是爱。与父母关系的成长，需要你打开心，真实面对你的复杂情绪，并且智慧地看到真相。

3

曾看到微博上疯传的《媳妇吐槽婆婆穿万元风衣喝千元茶叶！》引发很多网友的吐槽。

这位儿媳妇吐槽说，为了和有钱小姐妹比个高低，家境一般的婆婆花钱如流水，动不动就是1万多元的巴巴里服饰、

LV围巾，喝茶要喝几千元一斤的，一年内在买衣服和旅游这两项上，最少得花费10万元。

她想让老公去提醒一下，好好劝劝婆婆，告诉她1万多的风衣品质其实和5000块的差不多，或者吐槽孩子教育开支比较大，以这样的方式潜移默化地让婆婆慢慢改变。

网友纷纷来批评，说她吃相太难看，婆婆花公公的钱，与儿媳妇没关系。

她觉得委屈了：这难道是自己错了吗，她每天看着老公为了多赚些钱忙里忙外，也很心疼的，所以她希望婆婆也能体谅一下，稍微降些奢侈品标准，这样可以留出不少钱，让生活中的压力减少一点。

此外，楼主表示自己也是为了孩子。现在竞争这么激烈，赚钱都不容易，教育也花不少钱，如果婆婆能节省点，公公能继续赚些钱，那么日积月累，等自己的女儿长大时，留学费也有了。

有时候不好评判究竟是谁对谁错，或许只是每个人的观念不同，考虑问题的角度不同。

4

有人说：“什么时候，孩子让父母买房子不再认为理所当然，才是真正地尊重父母。什么时候，儿媳妇能够真的分清自己的孩子是自己的责任，而不是公公婆婆的责任，才是真正地尊重公婆。什么时候，老人能够按照自己的意愿处分自己的财产才是真正地活出了自己。彼此尊重，从尊重对方的财产权开始。尊重对方的财产权，即尊重对方的劳动、对方的付出、对方作为人的尊严。”

我们要明白，尊重父母就是尊重我们自己。

在一段爱情当中，如果你只会尊重你的伴侣，或者说你只会尊重他的朋友，而不会尊重他的父母，那么你们这段感情是会出现很多问题的。

不管什么时候，我们都需要在两个人婚姻的过程当中或者是恋爱的过程当中学会尊重对方的父母，这样才能够得到父母对这段感情的支持，才能够让他们的父母在自己和对方之后生活相处的过程中减少很多疑虑。

不管与谁相处，都要善待对方的家人，尤其是善待对方的父母，要给予对方的父母足够的尊重，这样你才会赢得对方全家人的尊重。

爱自己多一点，没有人应该成为婚姻的牺牲品

1

给朋友打了一个电话，噼里啪啦说了一堆之后，快挂电话的时候，她说不说了，我要给男朋友洗袜子去了。或许别的情侣之间洗个袜子还能增进感情，可是我知道，她爱一个人太辛苦。

她还小的时候，父母就离婚了，之后各自成家了，她和爷爷奶奶生活。从很小的时候，她就学会了如何看别人的脸色生活，把所有委屈都自己扛。所以在谈恋爱之后，她也总是迁就的那一方。她总觉得，我一定要对你们好，好到你们不会离开我。

可是尽管这样，在不久之后，男朋友还是和她提出了分手。

男人说：你总是对自己什么都舍不得，身上的衣服都是50元两件的地摊货，你的化妆品全部加起来都没别人一支口红贵，我们分手吧，我不喜欢这样的生活。

那一天，她大哭了一场。这些年来，她从未好好在意过自己的感受。

她放下一切，独自从火车站的人海茫茫中走过，在夜色渐深的黑夜里离开，坐火车去了一直想去的一个小镇。

背着包，拉着行李箱，手还受伤不方便动，费力地提着行李去公交车站，可是她竟然觉得很轻松。这么多年，她好像已经习惯，下雨就淋着雨走，艳阳天就顶着太阳走，在意身边每一个人的感受，唯独忽略掉自己的感受。

她找了新的工作，开始重新去活。

工作中她大方开朗，吃苦能干，很多人都被她的热情感染了。

下班和周末时间，她狠了狠心给自己报了健身班，努力健身。

她不再把大把时间花到别人身上，而是学着好好去爱自己。

第一个月工资，她把一半都用来买衣服。她要好好奖励自己一个月的付出。

穿上新衣服的那一瞬间，她突然明白，只有好好爱自己，这个世界才会爱你。

两年后，她遇到了自己喜欢的人。与之前不同的是，她学会了独立和温柔。在这段爱情中，她也找到了更多生活的乐趣。

2

《上海女子图鉴》中罗海燕去见未来婆婆。自己舍不得花钱，穿类似某宝买的廉价款，而给婆婆买了两千多块钱的燕窝，婆婆依旧不喜欢她。

罗海燕百思不得其解，问同事Kate。Kate说自己去见婆婆时，全身上下都是名牌，不好意思空手，所以买了50块钱的水果。

每个女孩第一次去见未来婆婆时，都会做的一件事是尽己所能讨好老人家，但她们常常忘了一件事，就是取悦自己。

有人说："其实未来婆婆对你的态度绝大部分取决于你自身的价值。当你所拥有的价值符合未来婆婆预期目标，她才可能真心实意喜欢你、接受你。所以不要对别人冷漠的态度失望，也不要绞尽脑汁想不明白'为什么我对ta那么好，ta就是不喜欢我？'问题的实质是核心指标未达到。"

当你和她的儿子足够匹配的时候，她对你一定是充满尊重的。

就像那个电影画面一样：婆婆给女孩递过来一张支票，给你500万，离开我儿子。女孩也递给婆婆一张支票，给你5000万，离开你儿子。

不要想着尽自己最大努力讨别人欢心，别人就会喜欢自己，别人真正希望看到的是你自身的价值。

很多时候，别人不是很在意你真的能为他做什么，而是你本身拥有什么。

你的资本才是你的价值所在，才是别人真正感兴趣、会关心的点，才是别人对你态度好坏的评判。

3

认识一个姑娘，她是那种看了第一眼就能给人留下印象的人，明亮的双眸，独立的性格，笑起来特别美，似乎一切美好的词汇都不足以用来形容她。

她既不喜欢依附他人，又有着独立坚强的人格。她喜欢自由自在地生活，不喜欢受到拘束。她既懂得朋友间的相处之道，又清晰明了地懂得要好好爱自己。

那一年，她交了一个男朋友，他很爱她。

他们一起去健身房，一起去吃美食，一起分享生活中的趣事，一起成长。最好的爱情就是：在最好的时间遇到最对的那个人。

诗人白朗宁曾写道："他望了她一眼，她对他回眸一笑，生命突然苏醒。"生命中有了爱，我们就会变得精神焕发、谦卑、有生气，新的希望油然而生，仿佛有千百件事等着我们去完成。有了爱，生命就有了春天，世界也变得万紫千红。

我们都要好好爱自己，才能不辜负自己来到这个世间一趟。

我知道，很多很多的人都不容易，所以我们都要对自己好点，才不枉我们在人生中遇到的那些颠沛流离。

爱自己，就像看到天气不好，会下意识地带伞，因为没有人会为你送伞；就如自己一个人的时候，就算没人叮嘱，也会按时进餐；比如哭泣的时候不会太久，因为知道该做的事不会有人帮你做好。

我想每个人都应该感激自己一个人走过的日子。一边向往美好，一边体会艰难；一边独自和自己较劲，一边默默为自己鼓掌。像蜗牛一样，慢慢地、默默地成长，苦了就用不够坚硬的躯壳去保护自己。我们一路成长，一路体会。有些路只能自己走过，有些风景只能自己欣赏，无人可替。

只有好好去爱自己，时间才会教我们用足够温暖的心去拥抱自己，坦然面对那些颠沛流离，热烈追求美好和温柔。

好好爱自己，对于世界来说，是最美好的馈赠；对于爱你的人来说，是最欣慰的拥有；对于自己来说，是最勇敢地出发。

4

经营好自己，才能更好地爱自己。

不计算别人的恶，不要急功近利，遇事包容，懂得忍耐和理解，爱是我们永不止息的力量。

爱并不是局限在某一个人或几个人身上，而是爱着自己，爱着这个世界，爱着一切美好的事物。当你变好了，周围的一切都会更美好。

好好爱自己就是我们自身人格的不断完善，也是我们探索这个世界的勇气。

好好爱自己，用自己的视角去感受更多生活中的烟火气息，不要在一段感情中失去自我。当我们每天用爱把能量的杯子注满，才能更好地去爱其他人。

婚姻保鲜术：彼此独立，热爱自由

1

来自日本秋田县的60多岁的老夫妻，结婚37年。

从青丝满头到白发苍苍，依然恩爱如初。

卸掉前半生为孩子们奔波劳累的重担，现在他们最喜欢做的事，就是每天穿着情侣装，手拉手探寻所有好玩的地方，吃遍所有好吃的店铺。

就像孩子一般，谈着甜甜的爱恋。

刘若英在《我敢在你怀里孤独》一书中描述过和丈夫婚后的生活状态：

夫妻俩一起出门，去不同的电影院，看不同的电影。两个人一起回家，进家门后一个往左，一个往右。

他们有各自独立的卧室和书房，只共用厨房和餐厅。

结婚前，他们因热爱摄影，价值观契合，决定走进婚姻。结婚后，他们因尊重彼此、热爱自由，选择了异于常人的相处方式。

在彼此独立的空间里，尽情做自己。

没有控制，没有束缚，两个人的个性，都在婚姻里得到尊重。

2

一个朋友人生最忙的那段时间，也是她最困顿的时期。孩子刚上幼儿园，丈夫工作繁忙，每天加班出差，她常常一个人在半夜的时候泪流满面。别人都觉得他们一家三口其乐融融，其实她的内心却焦虑无比。

她会频繁地对小孩子发脾气，她觉得自己辞掉工作每天照顾孩子都是为了这个家，以至于孩子见到妈妈都会小心翼翼；她每天打N个电话给丈夫，催促他快点回家；她会格外关注别人家的八卦，并情不自禁地怀疑自己的丈夫，心里生出莫须有的恐惧；她觉得自己每天活得真的很辛苦，她把焦虑的情绪传递给她的亲人和朋友，对小事耿耿于怀，身上充满了负能量……

终于，在一次和丈夫大吵一架之后，她大哭一场，想了想这几年自己究竟变成了什么样子。经过一场反思，她决定重拾技能，投入职场。

每天除了接送宝宝，她把自己的时间都合理安排。如今，她的生活状态发生了很大的改变。

她觉得当自己再次融入这个社会的时候，内心的格局被相应地打开。

她不再被家里的那方天地所局限，相反，可以追寻更多自己想要的成就感。

她也没空去猜丈夫昨晚为什么晚了半小时回家，更没空一天给别人打无数个电话抱怨生活琐碎。

当她更独立，反而受到了老公和家人更多的尊重。

当你有一份自己喜欢的工作、有自己的生活空间和朋友圈、钱包里有钱，你就会得到满满的充实感和安全感。

安全感从来都不是别人给我们的，而是我们自己给自己的。

3

有人说："女人在生活中应该会'变'。当然，所说的女人要变，并不是说让女人不专情，也不是男人对女人的一种要求，可以说更多的是为女人自己。即使你一辈子不结婚，你也应该懂得保养自己的青春、树立个人的形象，你的个人形象也可以让你的生活有新意，这一点是不能否认的。女人更应该懂得提高自己、培养一些情趣爱好来打发平淡的日子。”

为婚姻保鲜，不断充实自己。

给爱人准备小惊喜，给自己放一首好听的歌曲，做一顿美食，装扮房间的每个角落，让家充满温馨，给家人一份好心情。懂得生活的女人是可爱的，她让生活变得有意义、有新意，给人不同的感觉，让人对生活充满好奇。

而且女人要学会爱自己，当你每天自信满满，打扮得美美的，头脑里都是智慧，男人会觉得每一天都是新鲜的。

结婚并不意味着爱情进入了保险箱。只有不断增加、改良爱的内容，丰富自己和生活的内涵，才能让婚姻生活更甜蜜。

4

我们要学会丰富自己，不管是自己的知识面还是自己的认知，都是要不断丰富的。坚持阅读，坚持做一些让自己变得更好的事情。

当你这个人本身变得更丰富、更有魅力了，是很容易带给男人想要不断探索的神秘感的，这样也可以促进爱情的保鲜。

为婚姻保鲜，可以使两个人相处时有更多的快乐而不是焦虑。

当我们享受彼此带来的快乐时，爱人间的感情就会变得更加深厚。

人这一生会遇见8263563人，其中会打招呼的有39778人，会变得熟悉的有3619人，会彼此亲近的只有275人。

从互不相识，再到许下一生相伴的誓言，我们走进婚姻的殿堂，结为夫妻，是一件多么可求而不可遇的事。

所以，好好珍惜我们的感情，为我们的婚姻保鲜吧。

Chapter 5

不逾矩，美好的事物都有限

把时间浪费在美好的事物上

1

你是不是也有这样的感觉，在看手机相册的时候，总有几张照片会让你陷入回忆呢？

泰戈尔说，寂静在喧嚣里低头不语，沉默在黑夜里与目光结交，于是，我们看错了世界，却说世界欺骗了我们。

每座城都有它的温度，那些温度让我懂得，有些东西是任谁也不能改变的。譬如落日下的清澈溪流，寂静的光辉平铺的一刻，地上的每一个坎坷，都被映照得灿烂；譬如在小城最为安静的时间，在某一个小店静静听一首民谣，把天地都容纳在心底；譬如那古老的歌谣，总让人猜想唱歌的人是谁，有怎样的故事；譬如那安然姿态的植物，你忧郁的时候，它们镇静地站在那儿，你欣喜的时候，它们依然镇静地站在那儿，清纯的草木和泥土的气味，让人想起年少过往的所有美丽心事。古城的夜景很美，尽管我没有细细去观赏，但是那温和的灯光，会让所有心灵都觉得温暖。

长沙，3年前踏进那座城市的第一感觉，就是闷热无比，但是内心还是充满了好奇和期待。第二天看到了一直想见却未曾见过的香樟树，碎小的树叶像是一匹有褶皱的丝绸，把这个世界一点一滴的美好缝成一件华丽的衣裳。你们心里是否也曾经有过那样一个场景，你也会轻轻地想念，然后跟它告别。任何一个画面，任何一种乡音、风俗，都会成为你内心自定义的一种心情。

走过很多地方，我特别喜欢芙蓉镇。浅灰色调的小镇远离了俗世的透明色，身后的古典建筑群刺进卷舒的云絮，由左眼角起拉向夕阳里的天边，照耀着眼瞳深处的波光。安详的小镇用它特有的气息，吸引着我的内心。当下的她无与伦比得美丽，仪容大方，旷世无言。仿佛自开天辟地以来它就存在，占满了整个宇宙。任江山易主，金戈铁马，至今完好如初。时光一寸一寸伏进相衬的水墨丹青中，晕染在岁月渐凉的沉静里。

2

翻开过去的相册，很多影像都定格在那里。

早晨7点半起床，这座城市天亮得如此之早，清朗的天空像重重地涂了一层水彩，让我把窗外的世界都看得清清楚楚。

步行于整条街，旁边是高大的树荫枝条从周身缓缓轻摆。

它是大自然的孩子吧，如同我们也是那么调皮的孩子一样。

阳光左右乱窜，心里透过阳光，才看到从来没有沾染往事的惬意。

我喜欢这座城的温柔，有时候会用相机记录下那些瞬间。

每一个普通平凡的日子都是值得纪念的。

林夕曾写道："一念天堂，一念地狱，快乐本由心决定，一如空气存在，用力呼吸才会发觉，但用力呼吸到喘息，便生了害怕失去之心，执着于快乐，便不快乐。"

很向往一种自在的生活，在一个被水墨浸染的小镇居住，每天睡到自然醒，逛逛早市，午后跟小猫一起晒太阳，随性自由，无所事事，处处惊喜。那句“悦己才能悦人”,说得真有道理。所以在去小旅行的时候才那么心情愉悦。

每一段旅程都会让我们重新认识这个世界，在旅行时，才听得到自己的声音。它会告诉你，这世界比想象中更宽阔。翻开相册的时候，总是会看到所到之处所定格的风景和心情。

3

看到那些温暖的照片的时候，我们的内心也会更温柔。

那些最好的时光其实不是定格在照片里，而是定格在我们心里。

有人说，这世上最美的不是照片本身，而是它帮你留住的珍贵记忆，生命中那些温暖的瞬间，在照片中定格。

其实看看生活中那些温暖瞬间，也会让人很感动。

网络上有一张照片，爸爸带着孩子们去吃炸鸡。尽管自己很饿，但却一口也没吃，因为看到孩子幸福的表情，其实自己就已经足够。每一个爱我们的人，都愿意把最好的留给我们。

有个网友说自己的父亲总是穿着一件很老的衣服，后来看照片才发现，原来那是当时和母亲一起穿的。爱情就是无论多少年过去，仍然忘不了和你在一起的岁月。

长沙街头，一位乞讨的老爷爷，买了蛋糕给老伴过生日。奶奶看着手里的蛋糕，开心得像个孩子。无论生活有多少颠沛流离，只要有爱在身边，一切都充满希望。

4

岁月带走了很多东西，却也留下了每一份热忱和感动。

我们唱《成都》，一边承认“让我掉下眼泪的，不止昨夜的酒”，一边想象灯火阑珊处的那一份温暖惬意——“和我在成都的街头走一走，直到所有的灯都熄灭了也不停留”……

有些东西藏于相册或是刻录在文字中，有朝一日我们再触及时还是会感动不已。

当生命随年月老去，一张张照片就成为我们所有回忆的落脚点，每一帧都承载着无法复制的故事，无论欣喜、满足、悲伤、遗憾，都是我们心底无法再重来的收藏。

用心去过每一天，就像每天的日月星辰一样。

用温柔的心去感知一切。

极简生活，与物欲保持界限

1

欣然的家里堆满了各种她网购的东西。她喜欢宅在家里，不喜欢运动，也不喜欢和朋友出去，只喜欢在家里吃零食，看电影。

她的房间总是乱糟糟的，她心情好的时候躺在一堆的衣服中间，觉得自己真的是购物小天使。

可是心情不好的时候，她觉得眼前这乱糟糟的场景，真的怎么看都烦。

她的内心是畏惧这个世界的。所以她才需要买很多东西填充自己对这个世界的恐惧。

她买同样的包，不同款、不同颜色，买同样的牙刷成箱成箱地堆在家里，因为她觉得用完之后就没有安全感。

手机24小时不离身，更像是她的朋友。

她一天中说得最多的一句话就是："我的手机呢？"干得最多的事情，就是在乱糟糟的房间里找自己随意丢放的手机。

后来，欣然遇到了自己喜欢的男生，可是她觉得自己和男生的生活完全是不搭的两种类型。

男生喜欢晨跑和健身，平日里喜欢和朋友一起聚会，周末的时候还会去流浪狗之家做义工。小长假的时候还喜欢去偏远的山区志愿看那些孩子。

欣然觉得自己必须做出改变。

第一步就是收拾她乱糟糟的房间，她把所有的东西都分类放到收纳箱中，整个房间在她精心收拾之后变了一个样子。她从来没有觉得干净整洁带给自己这么舒服的感觉。

第二步就是把无用的东西都清理出去。她把自己之前网购的那些不怎么用的物品都捐给了小区的居委会，让他们送给那些需要的人，而且决定不再乱买。

第三步是改变对手机的依恋，每天清晨早早起来，认真锻炼身体，把看手机的时间控制到一个健康的范围之内，然后买了一些多肉植物。欣然觉得这样的生活才真的是简而美的赏心乐事。

丢弃生活中那不重要的90%，剩下的10%会让我们收获更多。

2

现在有好多人一周要参加N个饭局，吃喝完毕直奔KTV，很多时候都是大半夜才到家。觉得自己如果不出去社交、作息正常，就会连朋友都没有。很多时候我们都觉得这是应酬，是生活中的必需品！

其实，有时候精简一下我们的社交圈，也是在为我们的生活做减法，不把时间浪费在无谓的人和事情上，才是对自己和家人最大的理解和尊重。

当然，并不是鼓励大家与世隔绝、自我封闭，而是要懂得对我们的生活负责，能够让自己从喧嚣中抽离出来，给自己内心开辟出一个小天地，用来调整身心、寻求能量。

有时候去掉不必要的复杂装饰与人际关系，把心沉下来，反而能更好地感受生活。

懂得做减法的人生，才能更好地享受岁月带给我们的一切。

德国现代建筑大师路密斯·凡德罗提出的建筑设计理

念，即现代建筑史上最为经典的名言——Less is more，意为简单的东西往往带给人们的是更多的享受。“少”不是空白而是精简，“多”不是拥挤而是完美。这适用于设计，同样适用于生活。

为什么总有些人活得更快乐？并不是他们拥有的比旁人多，而是心里比旁人更清楚生活的真正乐趣在哪儿。

心里越懂得知足常乐，越明白做人要常怀感恩之心，日子才会变得更自在。

做简单的人，过简单的生活，当一切都变得简单了，好像那些纷扰烦忧都不复存在。

那些想不开的事情，就先放下；那些看不透的人，就不去看。

别把时间白白浪费在那些让自己不愉快的人和事情上。

活得简单，总能信步闲庭，悠然自得。

3

有人说，极简不是苦行，减少物品只是手段。减少无益之事，才好集中时间和精力。

几千年前，哲人先贤就已经教了我们生活的智慧：过多的物质，于我们无益。

道理很简单，可是实践起来很难，我们想要的太多，我们想要财富、地位、智慧，更多的爱。我们总觉得自己得到的还不够多，都在努力做加法。

我们想要的东西很多，可我们真正需要的东西可能并没有那么多。

总有你无法攀登的高山，总有你无法解决的麻烦，总有很多困惑。

可是生活里除了那些沮丧和焦虑，还有那些随处可见的小确幸不是吗？

所以，我们要学会调整自己的心态，关照自己的内心，了解自己真正想要的是什么。

不要一味求多，更不能沮丧和失落地去过每一天。

要学会“断舍离”，为自己的生活做减法。

成年人的世界有诸多不易，每个人都有自己的苦楚和艰难。但人生本就是一场修行，经历多了，懂得的多了，生命才会更加透彻。

别那么在意他人的评价，让生活中少一些钩心斗角和尔虞我诈。

想太多，就容易被困扰。凡事往简单去想，日子才更容易过得简单快乐。

4

人生苦短，我们更应该学学如何做减法，减掉不必要的负担。

现代生活中，极简之道为最上。极尽素雅，处处留白，承载着丰富的韵味。

有个朋友上学时，属于不爱说话、很内向的类型。

后来参加工作，接触到更多的人和事之后，每天都沉浸在各类活动和饭局中，好像接触到了更多高层次的人。

可是突然有一天，她发现自己的内心是空洞的，想要逃离。

于是，她删掉了很多没有必要存在的联系方式，开始在每个清晨跑步，每天素食，推掉了那些只是为利益而组的饭局，更多的时间用来练书法和古筝。

两年过去，我看到了她写得一手漂亮的字，因为坚持锻炼而越来越年轻的容颜。

我突然觉得，一个用心生活的人，一定懂得自己真正想要什么。

《道德经》中说："万物之始，大道至简，衍化至繁。"

极简就是放弃无效的事情，最大限度利用自己的时间和精力，做一些有用的事，从而获得更大的快乐和幸福。

当我们心无杂念、至纯至简的时候，才能听到人间烟火里最初的声音。

纠结是你不快乐的根源

1

有人说，人若是调成纠结模式，就会不由自主地进入一种死循环，无声无息中消耗掉了你所拥有的眼前。

我们都知道，在《拉封丹寓言》中，有一头驴被置于两堆距离完全相等的干草垛中间，最后竟然被饿死了，因为它始终无法决定选择哪个干草垛。

我发现纠结的大部分是因选择而生。

纠结要不要跳槽，要不要结婚，要不要生孩子，甚至纠结中午吃什么。

我们纠结，是不愿意承担万一选择错误所带来的结果。或者说，我们不知道到底想要什么。

有个年轻人说出了自己的困惑：当我坚定了一个方向，

然后去投入、专注地执行时，我会感觉好受许多，特别是当过程或者结果是令人高兴与满意的时候。但当过程没那么顺利时，我就会开始后悔，觉得当初自己做了错误的决定。这时候，往往会想象另外一种决定的各种可能的好处。

其实生活中一切琐碎的事情都需要我们去选择：上学时选择哪个学校，文理分科要选文科还是理科，上了大学选修课要选哪些课程，乃至于在食堂中要选哪一道菜，逛商店时要选哪一件衣裳，都会让我们纠结，好像每做完一个决定，就没有再选择的机会，一定会后悔。

我们总会害怕承担决定的后果，所以才有了那么多的纠结。

2

很多时候，我们的内心大概自然会生出这样的想法：也许选对一个专业，我们就能成功就业了；选对一个男朋友，就能幸福一生了；听一篇口才演讲，就变成了一个口才特别好的人了；再也许，如果我坚持早起，就好像立刻变成那个雄赳赳气昂昂、有超强执行力和意志力的人了。

生活没有彩排，而是一个不断自我认知的过程。在这个过程中，你需要为自己的决定承担后果。是更顺利或是困难重重，来自你对待当下的态度，是内心的坚持还是受外界的影响，很多时候，这个结果来自你的自信和自控力。

曾看到一个小故事：在一个理发店，他们遇到了一位特殊的顾客。

一个16岁的小女孩想要把头发都剪掉。这个女孩受抑郁症困扰多年，心情一度非常低落沮丧，觉得自己一无是处。到了后来，她的情况严重到已经没有心力去打理自己，她很久都没有给自己梳头，整理自己的头发……

她只能终日待在家里，躺在床上，只有上洗手间才会起来。这样日复一日，头发都纠缠成一团乱麻。

女孩告诉理发师Kayley，前段时间她决定重返学校念书，因为要拍学生照，所以她想把她那一头脏乱的头发剪掉。

在知道女孩的遭遇后，Kayley特别心疼，所以她决定尽自己最大的努力，为她保留下她的头发。Kayley通过两天的努力，一共花了13个小时，将女孩原本没救的头发，变成了齐肩柔顺的造型。在两天的时间里，Kayley一直对女孩说着鼓励的话语，安慰她、鼓励她，让她重拾信心。

女孩的头发纠缠得非常厉害，但Kayley尽自己最大的努力，很耐心、温柔地帮女孩梳理，一切的努力和付出都非常值得，因为女孩的脸上终于浮现出久违的笑容。

她最后对Kayley说：“今天照相的时候会露出真心的笑容，是你让我再次感受到了自己。”

当我们感受到周围的人对自己的接纳和理解时，就会少很多纠结。

3

有人提问说：如果好人没好报，为什么我们还要做好人？

有人用哈维尔的一句话回答他：我们坚持一件事情，并不是因为这样做了会有效果，而是坚信，这样做是对的。

在某一期的《奇葩大会》上，看到一个家产200亿，甚至拥有航母的富二代讲述着他的故事，他说：我没有幸福感。

没有幸福感的原因是，他一直活在父亲的控制欲下，“必须听话，必须成功”这八个字牢牢地困住了他，让他失去了自由与生活的乐趣。他曾经挣扎过，但是都被父亲用“不孝”镇压。

高晓松告诉他，人要有一以贯之的价值观，不能又想享受家庭给的奢侈生活，又想要自由。很多时候，生活是不能两全其美的。

“选一条路一以贯之，不能因为自己的利益和方便，或者便宜，今天从这个兜里，而明天从那个兜里又掏出了那个世界观。”人不能什么都想要。

4

用心喜欢自己当下的选择，一以贯之，胜过不断摇摆。

很多时候，我们不快乐的原因并不在于自己，而是纠结于我们和别人的比较。

上学的时候比谁的分数高，走进职场的时候又比谁的工作好，比谁赚得钱多，结婚的时候比谁嫁得好，生了小孩之后又开始新一轮的比较。好像我们永远都活在别人的眼睛里，活在别人的评价中。

我们害怕自己的选择会让我们的人生付出巨大的代价，所以我们痛苦、纠结，乃至惧怕。

我们总觉得好像比别人强就是成功，比别人过得幸福就是自己幸福感的来源。

可是那样我们真的就会快乐吗？

未必。

我们要明白什么是自己不需要的，当你的生活更有规划的时候，你会发现你要比之前快乐很多。

我们要为自己的人生负责，努力做到对一切都取舍恰当，那样你就会因为自己的果敢而拥有自由和更多的快乐。

我们不计较一切得失，不把人生当成是给别人的一场演出。确认过眼神，我们干吗要在乎别人怎么看，关键是我们自己觉得怎样。

当我们勇敢地做我们自己，你会发现，你的内心会得到更多的平静，你也会收获更多的快乐。

嫁给有温度的人，余生才能热腾腾地活着

1

朋友欢天喜地地结婚了，没过一年，告诉我们，要办个离婚纪念会。

我们都以为她在开玩笑，谁知她说是认真的，领了离婚证已经有一个月了。请几个朋友一起欢聚一下，庆祝自己脱离苦海。

其实很多人都不理解，因为朋友的老公是有房有车又有颜，不爱说话有点高冷范的男神。在别人看来，这么完美的男人，离婚真的是有些遗憾。

他们是在一个聚会上认识的，那个时候男人给她的印象是帅帅酷酷的，不太爱说话，但是举止很绅士。后来就互留了联系方式。

见了几次面之后，男人和她表白了，朋友觉得简直是遇到了命中注定的白马王子。

可是婚后发现男人有很严重的洁癖，而且和朋友说话从来不超过三句。

她让他多陪一会儿自己，他总会说：我在忙，你可以自己先看会儿电影。

她想和他说说话的时候，他说：我太累，今天咱们先休息。

她给他买了生日礼物的时候，他也只是面无表情地看一眼，然后只说两个字：谢谢。

所以，朋友觉得自己找的老公还不如一个机器人，每天都是重复的无聊和枯燥。

结婚后，她的孤独感反而更深。

或许，男人的态度就像是家的温度，无论她如何暖场，这个家却始终热不起来，她一天天心寒，直到心如止水。无论你做什么，他的灵魂都是冷的。

女人要嫁给有温度的男人，余生才能热腾腾地活着。

2

楠楠和大豆结婚了，虽然大豆在别人眼中并不是男神级别，可是在楠楠心里，他就是她无人能够取代的男神。

楠楠不开心的时候，他会做楠楠最爱吃的饭菜哄楠楠开心。

楠楠不想工作的时候，大豆说："如果你太累了，我养你一辈子，从今天起，我负责赚钱养家，你负责貌美如花，咱俩分工合作，谁也不许偷懒，要各尽其职！"

楠楠开心的时候，大豆总是会陪着楠楠，跟她聊聊天。

他们一起看个恐怖电影都会笑出声。

一起拖地洗碗都哼着小曲。

他们决定老了去周游世界！

有温度的男人，会让周围的人都充满笑意。他会遵守自己的诺言，用初心对待身边的每一个朋友，和他在一起没有一丝负担。

有的男人在生活中没有温度，所以和他在一起的那个人也不会开心。

明知道偶尔买束花就能让她很开心，男人却觉得那不实用，浪费钱。

明知道她想要多一点时间陪一陪自己，却一直借口工作忙，很少去关心她。

明知道冷战会给她更多的伤害，却从未主动认过一次错。

爱一个人最好的方式，是让对方感觉到生活的温暖。

早晨的爱心早餐，晚上的一杯热咖啡，平常日子里的一句问候，下班回来后的一个拥抱，都是爱的证明。

不要小看这些小事，如果能够一直坚持下来，你的婚姻才是有温度的。正是因为这些小事，才组成了我们现实生活的美好回忆。

3

三毛是在最低落的时候和荷西结婚的，是荷西的暖一点点治愈了她的疼痛。

她重新地爱上了这个世界，是因为荷西。

荷西对三毛说，我的愿望是拥有一栋小小的公寓，我外出赚钱，你在家煮饭给我吃，这是我人生最快乐的事。

荷西求婚的时候说，我想得很清楚，要留你在我身边，只要和你结婚，要不然我的心永远不能减去这份痛楚的感觉，我们夏天结婚好吗?

就这句话，三毛看了10遍，然后去散了个步，回来就决定嫁给大胡子荷西。荷西的暖，深深地打动了三毛，也温暖了每一个读者。

《相守一生》是一则非常催泪的短片。头发花白的老夫妻靠在一起，回忆着往昔。这时，老头提出要约朋友出来喝茶，老太太则抱怨说朋友早已移民，老头的记性怎么越来越差了。两个人顺着这个话题聊到了老年痴呆，老太太说，如果有一天你不记得我了，那我就穿上我们当时遇见时候的衣服，做你爱吃的东西，一定不会让你忘了我……谁知道，这一天来得这么快，而老年痴呆的也不是老头，而是老太太。某一天，她突然就忘记了自己的老伴，一脸茫然地问“你是谁”，老头震惊之余，却也没有放弃让她记起自己的努力。

我可以忘记全世界，却不能忘记你。因为在我这里，你比全世界都重要。

4

嫁给一个有温度的男人，全世界都会让你觉得温暖。

《灵魂摆渡·黄泉》里让我记忆尤深的是阿香说过的一段话：

“前些时我去了人间，顺道回了趟故乡。

“江东依旧，故国不在。

“天上的云是他，吹过耳畔的风是他，江水浪来浪去，朵朵浪花都是他。

“我看漫山野花，漫山野花都是他；我行万里河山，万里河山都是他。”

阿香的心里，永远有一个伯言。她爱了他一辈子，爱到了生命终结，爱到了心愿难了、残魂不散。

我想着你便是欢喜的，于是身边的一切都是那么的可爱，从此以后，我所见一切都是你。

不滥情，美好的事物都有限

1

在网络上看到有位女士给心理专家的求助信：

我先生出轨了。我们在一起7年，认识超过10年，中学就相识。他很有才华，长得也不错，周围有很多女孩围着他转，但他基本不搭理她们。

他的眼里只有我，天天腻着我，对我非常宠爱。他不会做饭，但我生病住院时他自己学着煮粥给我喝。大学毕业后，我们结婚了。别人都说男人一结婚就会变，但我觉得他对我的态度和从前一样，没什么变化。

直到最近两个月，我才觉得有点儿奇怪。他每天下班很晚，有时凌晨三四点才回家，他说是加班很累，然后倒头就睡。前几天他喝多了，进门就睡死过去。

半夜里，他的手机突然响了一下。出于一种奇怪的直觉，我第一次拿起了他的手机。我看到了一个女孩给他发的信息，内容大概是谢谢他的出现，和他在一起很快乐，很爱他之类的话。那一刻，说实话，我的震惊多于难过。

甚至有几分钟，我都以为是女孩发错了对象。

他怎么可能出轨？我拿着手机一夜没睡。第二天他醒来时，我把信息拿给他看，以为他会辩驳，没想到他马上就承认了，说自己没禁住诱惑，恳求我原谅他，说他很爱我，不能失去我。我甩开了他，暂时搬到闺蜜那里去住。

我也很爱他，也曾无比信任他，曾视我们的爱情为信仰。但他的出轨却给了这信仰致命一击，让我对他、对人性产生了很大怀疑。

他怎么可能出轨呢？还是说男人都会出轨？我很迷茫，想起与他的往日时光，不知道该不该原谅他。

2

有的男人总会为自己的出轨找各种借口。

你没空陪我，自然有别人来陪我。你对我不够热情，我就去找对我热情的人。你对我不够关心，我就到别处去寻找温暖。你的怀抱没有随时为我敞开，没关系，还有别人铺好床等着我。

那些出轨的人美其名曰自己是因为感到落差，想要找另一个人来填补某处的空白，只当是逢场作戏、打发时间罢了。如果你不和我吵架，我也不会找她喝酒。如果你对我多一点关心，我也不会和她约会。

我只是和她聊聊而已，没有真的想和她发生其他的故事，除了你我谁都不想要。

我只是和她约会而已，没有真的开房上床，除了你其他都是逢场作戏。

我只是和她上床而已，没有真的想过要娶她，除了你我谁都不想娶。

“他那么爱我，怎么还要出轨？”

无论在生活中还是在电影里，我们都看过太多的类似的场景。

在走之前，他们往往会说，我很爱你，我没想到会遇到别人。

他们或许也会说，我太爱你，而她对我就像另一个自己，我想要体验不一样的生活。

他们甚至直接说，我的心没有变，我需要的是激情，需要的是新鲜感，而你都给不了我。

把出轨或者劈腿或者变心的锅甩得如此冠冕堂皇，倒也符合渣男们的一贯作风。

难道嘴上说的最爱，都抵不过别人的一个撒娇？难道换一个人就能避开生活的平淡，岁月的侵蚀？

从一开始爱得轰轰烈烈，到最后潦草收场，只是因为不爱了，这原本就是一个悖论。

有人说："因为感情，确实是因为爱才在一起的，因为合适和舒服才能继续顺延。时间跨度越长，两个人之间产生的荷尔蒙会越来越少，也就是我们所说的爱情在逐渐流失。我们大多数人，走得越久，就越没有字面意义上的'爱情'了，也就是不爱了。"

3

有个姑娘，一开始天天在朋友圈晒自己的男友。

今天男友送她玫瑰，明天男友为她煲汤，后天带她去旅行。

所有人都觉得姑娘找到了真爱。

没多久，姑娘还晒出了和男友去拍婚纱照的照片。

可是等了很久，姑娘都没有更新。

原来，在拍婚纱照的当天，男友换衣服的时候，他的手机留在了姑娘身边。

一个陌生女孩的电话，扰乱了他们之间的一切。

那个电话打来，是姑娘接的，她听到的第一句话就是："亲爱的，你什么时候出差回来陪我？"

原来，在背地里他出轨了。

姑娘说："他说他以为自己很爱我，可是当他遇见另一个姑娘的时候，才知道跟我之间根本不是爱，而是妥协。可那个姑娘，让他有一种舍不得的感觉，他想要奋不顾身，想要放弃一切去追求，去跟她在一起。"

于是，她脱下婚纱。那天的婚纱照，一辈子都没办法去拍了。

或许，对他而言，得到一个人太容易了。

你以为对他越好，他就会越觉得离不开你。

其实不是的，你越对他好，如果他有良心，他会越愧疚，但是这样的愧疚感也会迫使他离开你；如果他根本不在意，他甚至会觉得你太傻，即使被伤害了也没什么大不了的。

4

很多出轨的人都会说酒后乱性，是当时自己不清醒。

可是一个真正有责任感的人，越是在喝多的情况下越清醒。

有些姑娘在男朋友出轨之后还觉得是自己的错：

“他觉得我很丑。”

“他嫌我懒。”

“她嫌我胖。”

“他嫌我太邋遢。”

“他嫌我进不了厨房，上不了厅堂。”

破碎就破碎，要什么完美。

脆弱的女孩不背出轨这个锅，容易出轨的人找再多借口都没用。

人生苦短，所以才要在短暂的生命中，获得快乐和幸福。

千万不要用出轨的方式去结束一段爱情，更不要在爱一个人的情况下就去爱另一个人。所有的付出和伤害都是双向的，在做一件事情之前，请考虑一下对方的付出。

照顾好身体，30岁后你会感谢自己

很多时候，我们都不知道明天和意外哪一个先来。

1

一个女孩在25岁被确诊早期肾癌。发现癌症时，正是她人生最得意的阶段。她正准备去韩国攻读公费博士，每月的补助不仅够一个女孩子花费，还有结余。她计划在假期去非洲参与一个公益项目，还规划着未来去高校当老师，收入和社会地位都有不错的预期。出国前的一次体检，发现她得了肾癌。因为生病，她没保留住读博资格，还错过了校招。治疗完成后去找工作，投了一家月薪只有2000元的培训机构，那家机构因为病史拒绝了她。最终她学会隐瞒，才找到一家临时培训机构的工作。不敢考虑更高平台，担心严格的入职体检会发现她是癌症患者，把她淘汰。

在一个肠癌患者的日记中看到：一位23岁的小姑娘，本来在邻市工作，一个月才回一次家。得知自己患病后，她辞职跟妈妈一起住。以前她觉得大孩子撒娇是一件特别丢脸的事情，生病后最爱干的事情就是拉着妈妈的手撒娇。她最大的感触就是，觉得自己的人生刚刚开始，好像就要结束似的。家人对她的意义，比以往任何时候都重要。

有多少人，一边熬着最久的夜，一边敷着最贵的面膜？有多少人，一边收藏养生指南，一边夜夜买醉？

当你不注意自己的身体时，它便会悄悄地惩罚你！

活到一定岁数你就会知道，决定人生高度的，从来不是智力，而是体力。

人这一生就像中长跑，越是擅长保存体力，越能坚持到冲过终点。

2

几年前有个朋友，她满心欢喜地筹备要嫁给当时的男朋友，却没想到在婚前1个月，男朋友因为喜欢上别人，和她提出了分手。

那段从校园到工作持续了10年的感情，几乎占据了她生命中最重要的位置，要将它抽离出来，换作谁都没办法接受。

男友离开后，她开始了漫长的抑郁期：整夜整夜地流泪，整夜整夜地失眠，滴水未进地躺在床上，一发呆就是一天。有时候觉得实在熬不住了，闭上眼睛，全是男友说话的声音。

因为身心都没安顿好，更多的问题接踵而至：她开始脱发，得了胃病，身体不好又进一步影响到情绪，情绪又影响工作……一切仿佛陷入了恶性循环。

她甚至害怕看到每一天的清晨。

后来她的父母带她去了一个安静的小镇调养。

小镇很安静。白天的时候，她坐在客栈的门前晒晒太阳，看着在不远处悠闲散步的小猫。那里的风也是温柔的，让她内心的情绪有了一个出口。

一段时间过去，当她养足了精神，情绪和生理机能就恢复得很快，一切也慢慢步入正轨。

她选择忘掉过去，辞职，静下心来学习，然后出国留学。5年过去，她现在工作和生活都很好，也如愿有了更爱自己的老公。她庆幸自己当时走了出来，没有让悲观在她人生的下半场愈发肆虐。当我们把自己的身体和情绪都调整好时，才会有更多获得崭新人生的可能。

3

有人统计过，人一生罹患重大疾病的概率高达72.18%，患癌概率为36%，目前重大疾病的平均治疗花费一般至少在30万元。

这是什么概念呢？这意味着，一个人生病，也许就等于对全家人判了死刑。

作为孩子，你怎么能让两鬓斑白的父母，体验白发人送黑发人的痛苦？

所以，为了还没实现的梦想和抱负，为了父母关切的目光，为了亲人渴望的眼神，你一定，一定要对自己好一点。

热爱锻炼的人，先是在体能上胜过你一些，然后在工作精力上胜过你一些，继而在整个人生里胜过你一大截。

别让自己的人生，早早失去竞争下半场的资格。

更何况，你从来不是一个人在战斗，你身边还有关心你的父母和朋友。

视频里有一句话：

可以一成不变，也可以立即改变。

我们可以继续熬最长的夜，在周末的时候懒在床上一动不动，每天心惊胆战地看着猝死的新闻后怕。但也可以从现在开始行动。

比如，不再熬夜刷手机，而是早睡早起。

比如，不再总是以忙为借口不好好吃饭，而是认真对待每一餐。

比如，不再只把健身挂在口上，而是多多锻炼。

比如，不再总是推脱没时间，而是亲自去看看大千世界。

世界是公平的，它会悄悄惩罚不好好照顾身体的人，但也会暗暗奖励那些愿意照顾身体的人。只有你全力热爱自己的身体，才有余力热爱这个美丽的世界。

你来人间一趟，应该晒晒太阳，和心爱之人走在大街上。

节制悲伤，分手是另一种自由

1

灵珊失恋了，约我出去吃饭，我看见她的时候惊呆了。

面容憔悴，哭哭啼啼，要死要活。

当然，这只是我想象中她的样子。

可实际情况是，才一个礼拜没见，瘦了十几斤，虽然憔悴，却化了精致的妆容。

撸串的时候还眉飞色舞，并没有难过得一塌糊涂。

她拿起酒杯对我说："恭喜我吧，在离开他之后我还会再开始一段新的恋情。"

"你不难过吗？"

"难过啊，可是我看到他头也不回地离开的时候，我就知道我要化悲痛为力量。"

有人说："你不爱一个人的样子，真的好酷。爱一个人最好的方式是经营好自己，给对方一个优质的爱人，不是拼命对一个人好，那个人就会拼命爱你。世俗的感情难免会有真实的一面，你有价值，你的付出才会有人重视。"

喜欢有些女孩的洒脱，在爱的时候拼尽全力去爱，在分开的时候勇敢离开。就像有个姑娘说的那样："不就是一场小小的失恋，余生很长，还有更好的人等着我。"

2

1998年李宗盛和林忆莲曾顶着巨大的压力在一起，2004年又在大家都看好的时候选择分开。或许最后的结果算不上完满，但是那一段轰轰烈烈的爱情也称得上了无遗憾。

因为，在一起时他们都曾竭尽全力。

为了能够和李宗盛在一起，林忆莲甘愿放弃歌唱事业，远赴加拿大相夫教子，过着家庭主妇的生活。而李宗盛为了支持妻子复出，费尽心力为她创作了《为你我受冷风吹》《铿锵玫瑰》等多首经典歌曲。

相爱时，他们彼此扶持、互相依赖，一直信守着白首不相离的诺言。

分开后他们礼貌地告别。

李宗盛的声明里，引用了当年写给辛晓琪的《领悟》里的歌词——“我们的爱若是错误，愿你我没有白白受苦。”并不忘为前妻送上祝福：“祝你幸福，找到你要的，你认为值得的。”

林忆莲也友好地回应：“我们都很好，也做了一些准备，迎接各自的未来，似乎也不那么遥远……”

后来林忆莲又遇到了自己的爱情。

她说：爱情是非常美妙的一件事，它应该是给你动力，给你享受，可是你要先找到自己是怎么样一个人。自己一个人过得很快乐、很自在，当爱情来的时候它才会是一个美妙的东西。

有人说，真正活出来的女人，是明白这个世界的好与不好，依旧选择拥抱不放弃。

3

朋友刚过哺乳期的时候，对我说：“减肥太难了，感觉怎么都瘦不下来。”那个时候的她，生完孩子胖到160多斤，很多衣服都穿不上去。

但是她觉得老公体贴，家庭幸福，为了孩子胖一点也情有可原。

可是在孩子快2岁的时候，她发现老公出轨了。她觉得那狗血的剧情比拍电视剧都要狗血。

最后两个人决定离婚，2岁的女儿跟她一起生活。

刚开始的时候，她真的觉得天都要塌了。她曾经拥有的一切都成为泡沫，觉得自己很难再振作起来。

消沉了很长一段时间，看着女儿一天天长大，她突然觉得自己不能再这样下去。离开老公，她还是女儿的妈妈，还是妈妈的女儿，她没有理由自暴自弃下去。

她开始决心减肥，刚开始的时候，真的很难，每天控制饮食，但是那种饥饿感就像是千万只手在抓心挠肺一般，可是想到老公带给自己的伤痛，她就咬咬牙坚持了下来。

在和老公离婚半年后，她的身材恢复成结婚前的样子，又变得美美的。

她说："虽然有时候带着女儿出去时，看到别人都是父母一起陪伴孩子，她的心里总会很失落，可是，离开一个不负责任的人，对自己和女儿来说或许是最好的选择。"

如今，她每天认真工作，化精致的妆容，努力健身、旅行，好像这一场失败的婚姻，带给她很多伤痛，但是也带来很多关于人生和生活的新的感悟。

4

我看到过很多分手后就走不出来的案例，有的抑郁、有的精神失常，甚至有的人选择自杀。

如果因为一个错的人，就搭上了自己的性命，太不值得。

我记得大学毕业的前一个星期，有个学国际贸易的女生在自己的宿舍里自杀，只是因为男朋友提出分手。我们看到她的父母从外地赶来痛哭不已，而那个和她提分手的男生却一直都没有露面。她用自己的生命，换来的只是更多人的一声叹息。

还看到一个网友倾诉：

一无所有的31岁，我快要对自己失去信心了……

谈了一年多，29岁生日前一天遇到他。

现在还有几个月就31岁了。

我失恋了，觉得自己过不去这一关，付出太多，却成了别人的垫脚石。

他成功了，我却什么都没有，付出很多，损失很惨重。

金钱、精力、心力、青春。

我觉得自己过不去这一关了……

我们都要好好爱自己，分手了更要让自己活得潇洒。试着给彼此自由，然后给自己成长的机会，由内而外地经营自己。我们每个人都是在得到和失去之间长大的，爱从来都是我们最用心构筑的样子，不论途中有多少人离开，我们都会到达终点。

失恋给我们的不是一场天崩地裂的灾难，而是你人生中需要停下来休息调整的一个小阶段，让你好好思考，如何更好地去过我们的人生。

我们失去一个拥抱，却得到了拥抱这个世界的机会。

分手之后，勇敢生活，余生总有一个人，会陪你走到地老天荒。

即使没有，我们也要好好的。

默默地在心里感谢曾经的相遇，才不会辜负我们为爱情的付出。

做更好的自己，才是分手之后最好的告别。

优雅克制，永远拥有爱的能力

1

我在电视上听到一个女孩的演讲。

她在3岁那年被确诊为重度神经性耳聋，戴上了助听器。当时爸爸妈妈为了保护她，并没有告诉她这个事实。直到六岁那年，她参加了人生中的第一次舞蹈比赛。就在那次比赛中，不论她怎么跳，舞伴总是比她快一拍，她一再用眼神暗示他不要着急，但是就在第二个旋转过后，舞伴突然甩开了她的手，在众目睽睽之下指着她就大哭了起来。

她当时完全被吓蒙了，只能呆呆地拽着手边的裙摆。就这样，他们失去了那次比赛的机会。那之后很长一段时间，她一直对舞伴耿耿于怀，但后来从朋友的口中她才得知，原来从比赛开始的那一刻，她就从来没有跟上节拍，也是那一次她才知道自己和别人不一样。

上小学的第一天，因为戴着助听器被同学们指指点点的，她觉得自己好像是一个丑小鸭一样。就在她即将走入低谷的时候，妈妈对她说："如果有人问起你耳朵上戴的是什么，你就告诉他们是助听器，就像眼睛看不清了我们要戴眼镜一样，那听不清了就戴助听器，大大方方地告诉他们。"当时就是这一席话，让她明白了原来化解内心的枷锁是这么容易，原来快乐可以来得这么简单。

这些年她已经不把听不见当成一种困惑，也并不觉得自己和别人有什么不一样的。妈妈教会她把助听器看作眼镜，于是她便不再难过；初恋教会她把不能拥有的浪漫看作一种与众不同，于是她便不再痛苦了。

2

《奇迹男孩》的主人公奥吉是一个天生面部畸形的男孩，反复的矫正让小奥吉面部扭曲。他必须戴着宇航员头盔，仿佛头盔里才是他的世界。

奥吉的上学之路也充满荆棘，同龄人好奇的打量、不留情面的嘲笑也让奥吉愈发敏感。孩子的表达方式直来直往，但也会像一柄锋利的匕首一样伤人。

奥吉像一个在操场上逆着人群奔跑的孩子，无助且孤单。

他11岁时就已做过53次手术，他曾说："我知道每个人长相都不同，除了我更特殊一点。"

小奥吉在遭受打击的同时也在被世界关怀与安抚。

母亲普尔曼太太为了奥吉放下学位，每时每刻都在给予奥吉最温暖的关怀。

当奥吉问为什么自己这么丑时，母亲说："你并不丑，我们每个人的脸上，都会有属于自己的印记，那是岁月给我们画上的地图。心上的地图，指引我们走向哪里；脸上的地图，记录我们走过的路。"

父亲内特先生也牺牲了大量的时间陪伴奥吉成长，把头盔藏起来，帮助他勇敢走出"禁锢"。最终，越来越多的人被奥吉内心的正直和善良打动……他们帮助奥吉一起对抗世界的残酷和恶意。

彼此间真诚地相处，能换来人生中意想不到的美好。最后，令人欣慰的是，奥吉有了直面生活的勇气，在站上领奖台的那一刻，他成了一个奇迹。

林清玄在自己的文章《欢喜心过生活》里说过：

一个人活在这个世界上，他的痛苦、失败、成功跟快乐，其实都很类似。

但是有的人活得精彩，有的人活得开心，有的人却活得痛苦烦恼，那主要是因为心的态度。

一个人要过得很开心，第一个非常重要的态度就是，你要不断有超越的心，不断地超越你原来的自我。

3

善良的人会拥有更多爱的能力。

有个姑娘在上大学期间，每天中午吃饭时间都会去附近的餐馆做兼职，端饭洗碗。吃饭的时候总是狼吞虎咽，每过几天嘴里被烫的泡才会下去。饭后总是跑着回学校上课。有一次在洗碗时因低血糖晕倒了，是朋友送她去附近的诊所输液。这些事情她从来没给妈妈说过，怕她担心。可是仍然感激朋友一直陪着她，给她买东西吃，让她觉得很温暖。

刘姐说，生活的乐趣，其实是由很多细节组成的，如喜欢的颜色、触觉、形状、质地、气味……如果没有这些，生活的乐趣会减少大半。

周国平在《爱与孤独》里面写过这样一段话：

我们活在世上，人人都有对爱和善意的需要。今天你出门，不必有奇遇，只要一路遇到的是友好的微笑，你就会觉得这一天十分美好。如果你知道世上有许多人喜欢你、肯定你、善待你，你就会觉得人生十分美好，这个世界十分美好。即使你是一个内心很独立的人，情形仍是如此，没有人独立到了不需要来自同类的爱和善意的地步。

活在世上，我们不可能让所有人都满意。

但是我们可以让我们的心感受到快乐。

生活是我们自己的，与他人无关。

多一点爱的能力，你会发现这个世界温暖很多。

4

愿所有人都被这个世界温柔以待。

那些爱的力量，就是我们看这个世界的态度，是包容世界最糟糕的那些部分，可以抵抗世俗的粗糙，可以让一个人的内心变得安静和深情。

那些爱的力量，帮助我们在这短暂的一生中尽可能地形成自己。

那些爱的光芒，是我们人生隧道中最亮的光，是冰天雪地中最温暖的阳光。

当你拥有更多爱的能力，你就不会对这个世界冰冷相待。

保持成长，比拥有成功更重要。